Athen

Sehenswert waren früher vor allem die antiken Seiten der Stadt. Heute lohnt auch das moderne Athen eine Reise

Liebe Leserin, lieber Leser,

Athen hat nicht den besten Ruf. Smog, Verkehrschaos, Hektik und eine Stadtarchitektur, die daran erinnert, dass „Anarchie" ein griechischer Begriff ist. Und das sind nicht nur Vorurteile. Die für den Tourismus Verantwortlichen ruhten sich jahrzehntelang darauf aus, dass man mit der Akropolis und vielen weiteren antiken Sehenswürdigkeiten ohnehin genügend Besucher anziehen würde – das Athen, in dem die Athener lebten, blieb den Reisenden meist verborgen und das zu recht.

Seit jedoch feststand, dass die Olympischen Spiele 2004 in ihr Geburtsland zurückkehren werden, hat die Stadt unter Bürgermeisterin Dóra Bakojánni (siehe Interview Seite 88) gewaltige Anstrengungen unternommen, um auch über die Zeit der Spiele hinaus für Bewohner und Touristen attraktiver zu werden. Natürlich hat sich Athen in den letzten Jahren nicht vom Moloch in ein gemütliches Kykladendorf verwandelt, aber vieles ist ansehnlicher und besser geworden: Sei es die neue Metro (siehe Seite 60), die verkehrsberuhigte Altstadt mit den angrenzenden lebendigen Szenevierteln (Seite 52) oder die renovierten und restaurierten antiken Stätten und Museen. In jedem Fall lohnt es sich, beim nächsten Griechenlandurlaub die geplante Stippvisite in Athen zu verlängern und neben Akropolis und Agora ein paar neue Ziele ins Visier zu nehmen.

Überzeugen Sie sich selbst.
Viel Spaß beim Lesen.

Herzlich, Ihr

Andreas Hallaschka
MERIAN-Chefredakteur

LICHTER DER GROSSSTADT Vom Lykavittós-Hügel geht der Blick über Athens Häusermeer und die Akropolis bis zum Mittelmeer und dem Hafen von Piräus

HANDWERKER von den Kykladen bauten vor 160 Jahren ihre Häuser direkt an den Fels der Akropolis. Reporterin Inka Schmeling besuchte deren Nachfahren, die heute illegal hier leben – in Anafiótika, dem verbotenen Dorf. Seite 78

ARM IN ARM mit Maryó, Griechenlands Grand Dame des Rembetiko, posieren Fotograf Samuel Zuder (l.) und Autor Marc Bielefeld. Der Blues der Bouzoukis begeistert viele junge Athener Seite 64

GERZEIGE gab die Athener Schrift-erin Ersi Sotiropoulos unserer Autorin Verena Carl (l.). Gemeinsam erkundeten sie die Pláka und die neuen In-Viertel Psirrí und Gázi Seite 52

W0295107

>> Mehr MERIAN im Internet: www.merian.de

INHALT

Athen

SEITE 92
STRANDAUSFLUG: MEHR ALS MEER!
Ob Kap Soúnio mit dem Poseidon-Tempel oder die vielen anderen stadtnahen Küstenorte – ein Trip von Athen ans Meer lohnt nicht nur für Sonnenanbeter und Wassersportler

SEITE 64
BETÖREND: BOUZOUKI-BLUES
In den Rembetiko-Clubs tobt zu nächtlicher Stunde das Leben. Die alten Lieder begeistern heute vor allem junge Fans

MERIAN | Info >> SEITE 108

>> Titelthemen

SEITE 82

COMEBACK: OLYMPIA 2004

Von den Kämpfen der Antike über die ersten Spiele der Neuzeit bis zu Athen 2004 – ein olympischer Dreikampf

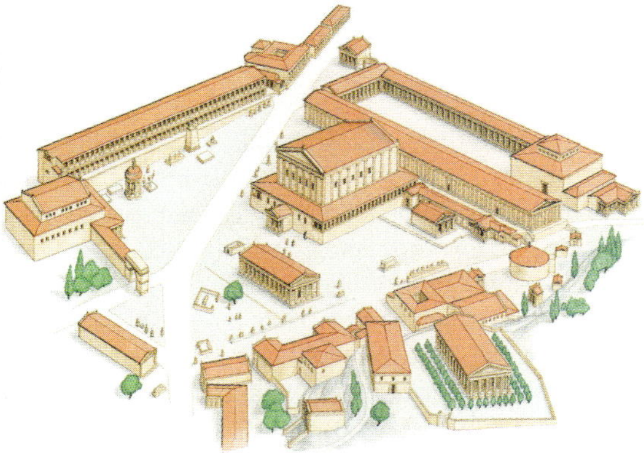

GÖTTLICH: AKROPOLIS & AGORA

Wie funktionierte die Selbstbefreiung des Menschen aus der Unmündigkeit? Wie verlief das öffentliche Leben im alten Athen? Was steht noch von der Agora und: Ist die Akropolis noch zu retten? Alles, was Sie über die antiken Symbole abendländischer Kultur wissen sollten, im großen Akropolis-Report

SEITE 100

HEILIG: MYKENE & EPIDAURUS

Die Königsgräber von Mykene haben sich ihren Zauber bis heute bewahrt, genau wie das Löwentor und das Theater von Epidauros. Reiche Athener suchten hier einst Heilung und Rat

SEITE 52

ANGESAGT: PLAKA, PSIRRI, GAZI

Das Altstadtviertel Plaká hat Konkurrenz bekommen: Die angrenzenden Stadtteile Psirrí und Gazi ziehen die Athener Szene und Touristen an

um 1850

1997

AKROPOLIS **Zeit**sprung

Der Fels der Akropolis, mit dem Parthenon als Blickfang, ragt im Jahre 2004 ebenso unerschütterlich über Athen wie Mitte des 19. Jahrhunderts, als der Journalist und Maler William James Stillman die obige Fotografie anfertigte. Aber was für ein Unterschied in der Unterstadt: Wo sich heute ein Häusermeer ausbreitet und rund vier Millionen Menschen leben, sah es vor 150 Jahren nahezu dörflich aus. Und während der Zeustempel (o. r.) auch heute noch Touristen anzieht, ist die alte Mühle (o. l.) längst vom Winde verweht.

1958 1983 1973 1996

Griechenland, insbesondere der Peloponnes, war immer wieder Thema für und in MERIAN. Die vorliegende Ausgabe ist aber erst die zweite über Athen seit 1973. Zeit für MERIAN, der Hauptstadt nach 34 Jahren und rechtzeitig zu den Olympischen Spielen ein neues Heft zu widmen.

EULEN NACH ATHEN TRAGEN Sprich**wörtlich**

Die Athener verehrten die Eule seit jeher als Symbol der Klugheit und Attribut der Athene, Göttin der Weisheit und Schutzpatronin des Stadtstaates. Im 5. Jahrhundert v. Chr. zierte sie athenische Silbermünzen (siehe auch Seite 48), die „Eulen" genannt wurden, und es galt als überflüssig, Geld, also „Eulen", in das reiche Athen zu bringen. Heute kann man den Vogel als Souvenir in allen Variationen getrost überallhin tragen.

ELGIN MARBLES **Rettung** oder **Raub?**

Anfang des 19. Jahrhunderts demontiert Lord Elgin, englischer Botschafter in Konstantinopel, etliche Krieger- und Götterskulpturen des Parthenonfrieses und verkauft sie an das Britische Museum in London. Seitdem fordert Athen die Statuen zurück, London weigert sich mit dem Argument, sie vor Krieg und Smog gerettet zu haben. Der Plan, durch leere Sockel im neuen Akropolis-Museum Druck auf London auszuüben, ist zurzeit geplatzt – die neue griechische Regierung hat den Bau des Museums gestoppt.

Schon vor dem Streit den Kopf verloren: die „Elgin Marbles"

YOU DIE ERSTE KAMERA MIT DEM AUGEN-BLICK.
hp invent
5.1 MP
24x zoom
AUTO FOCUS 3X OPTICAL ZOOM
8.0mm - 24.0mm
R707
HP Photosmart
you + hp
Unsere neueste technische Errungenschaft ist da: die HP Photosmart R707 Digitalkamera. Sie passt sich – dank HP Adaptive Lighting – den Lichtverhältnissen genau so an, wie es das menschliche Auge tut. Und das ist nur eine von fünf HP Real Life Technologien. Gemeinsam sorgen sie dafür, dass auf Deinen Fotos exakt das zu sehen ist, was Dein Auge gesehen hat. Die HP Photosmart R707 Digitalkamera mit HP Instant Share für 349,– €*: 5,1 Megapixel, 3 x optisches Zoom/8 x Digitalzoom. www.hp.com/de/you
© 2004 Hewlett-Packard Development Company, L.P. * Unverbindliche Preisempfehlung von HP inkl. MwSt.

DORISCH? IONISCH? KORINTHISCH?

Säulen**spiel**

Zum Kenner antiker Säulenarchitektur werden Sie mit diesem handlichen Spiel schon vor Ihrem Athen-Urlaub. Beim Kartenlegen lernt man en passant die Zuordnung von Kapitellen, Schäften und Basen der griechischen Säulenordnungen. Und die Anleitung eignet sich sogar als Minihandbuch für unterwegs – die Bestimmung der Säulen des Parthenons (dorisch), des Nike-Tempels (ionisch) und des Olympíeions (korinthisch) wird damit zum Kinderspiel.
Ab 8 Jahren, über www.prestel.de, 13,95 €.

STARS UND STERNE I

Freiluft**kino**

Der Reiz liegt im Verborgenen: Athens charmante Open-Air-Kinos verstecken sich in Gärten und Hinterhöfen. Über die Leinwand unter dem Sternenhimmel flimmern Blockbuster, Klassiker und Retrospektiven in Originalversion mit griechischen Untertiteln. Kioske verkaufen Essen und Getränke, meistens darf geraucht werden. Ein besonderes Erlebnis ist das Cine Paris auf einem Hausdach: Ist der Film nicht fesselnd, kann man sich von den oberen Sitzplätzen an der erleuchteten Akropolis erfreuen.
Cine Paris, Kidathinéon 22, Pláka

ZAHLENSPIEL

1 900 000
Privatautos fahren in Athen

722 072
Menschen leben im Stadtzentrum

78 000
Kilometer weit wird die Olympische Fackel getragen

600
Flugzeuge starten und landen täglich am Eleftherios-Venizelos-Flughafen

400
Millimeter Niederschlag verzeichnet Athen im Jahresmittel

42
dorische Säulen mit je 20 Längsrillen hat der Parthenon

22
Agamemnon-Straßen gibt es in Athen

20
Euro Strafe kostet ein weggeworfener Zigarettenstummel

16
Quadratmeter Platz hat jeder Sportler im Olympischen Dorf

3
gleich lange Beine hat der durchschnittliche griechische Tisch

GRIECHISCHER PUPPENTANZ

Schatten**theater**

Nicht nur Kinder amüsieren sich bei Aufführungen der Schattentheater. Im Spiel von Licht und Schatten erzählen die Silhouetten der Karagiósis-Puppen satirisch-lustige Geschichten, begleitet von Gesang und Musik. Beliebt sind soziale oder politische Themen. Star unter den Figuren und Namensgeber dieses traditionellen Volkstheaters ist der krummnasige, ungebildete und verarmte Karagiósis, dem es mit List und Witz immer wieder gelingt, scheinbar ausweglosen Situationen zu entkommen. Eines der ältesten und besten Schattentheater Athens ist das **Thanassis Spiropoulos-Theater, Ersis 9**

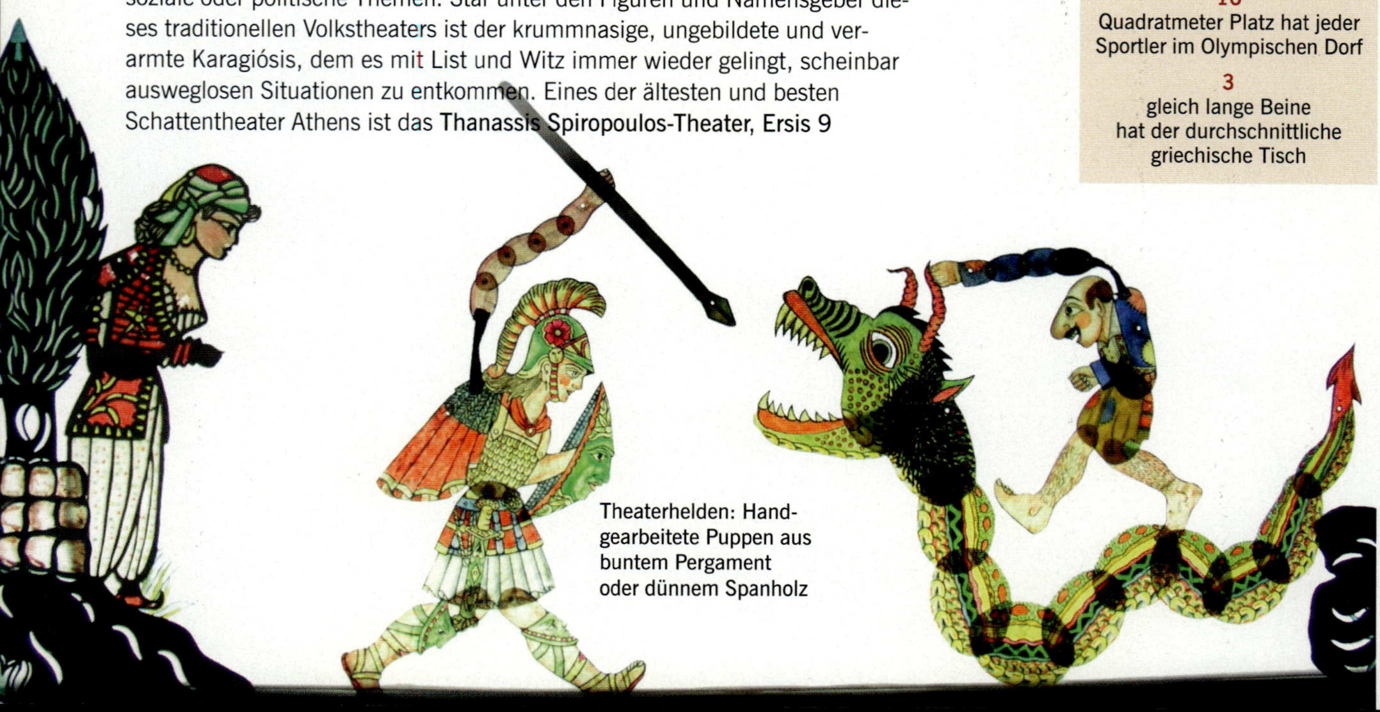

Theaterhelden: Handgearbeitete Puppen aus buntem Pergament oder dünnem Spanholz

DER NEUE PEUGEOT 407.
AB JETZT VERLASSEN SIE DIE MITTELKLASSE.
PEUGEOT
407
407
www.peugeot407.de Probefahrten und Infoline: 0 18 01/407 407 (€ 0,06/Min.)
FAP-EURO 4
TIPTRONIC®
XENON
JBL-HIFI
AC²
9
AIRBAGS
DRUCKSENSOR
ESP/ASR
Im neuen PEUGEOT 407 werden Sie eines garantiert nicht finden: Mittelmaß. Stattdessen mehr Luxus wie zum Beispiel im PEUGEOT 407 V6 Platinum: Xenonscheinwerfer, Automatikgetriebe mit Tiptronic® System Porsche, Bi-Zonen-Klimaanlage, Reifendrucksensoren, auf Wunsch JBL-Audiosystem. Besonders saubere Leistung zeigen die HDi FAP-Dieseltriebwerke mit 6-Gang-Schaltgetriebe und Rußpartikelfilter. Sie erfüllen selbst die strenge Euro-4-Norm.
PEUGEOT EMPFIEHLT TOTAL
DER NEUE PEUGEOT 407. MEHR AUTOMOBIL.
407
PEUGEOT

Yannis Markopoulos (65), gehört zu den bedeutendsten zeitgenössischen Komponisten Griechenlands. Sein jüngstes Werk „Okypous Louis" erzählt die Geschichte des Spiros Louis, Marathon-Olympiasieger von 1896, und wird zu den Olympischen Spielen 2004 uraufgeführt

AGÍA DINÁMI Standfest

Während des griechischen Freiheitskampfes 1821-1829 musste das bis heute rege besuchte winzige Gotteshaus Agía Dinámi im Auftrag der türkischen Besatzer als Munitionsfabrik dienen – nachts jedoch wurden hier Patronen für die griechischen Rebellen gefertigt und hinaus geschmuggelt. Solch ein nationales und religiöses Symbol darf in Athen nicht einfach einem schnöden Hochhaus weichen: Zur Erhaltung der in osmanischer Zeit erbauten Kapelle wurde der moderne Überbau, in dem heute das Bildungsministerium untergebracht ist, deshalb auf mächtigen Betonpfeilern errichtet.

Mitropoléos 15, Metro: Monastiráki

KRITISCHE TÖNE

„Louis, gewinn noch mal"

MERIAN: Welche Intention steckt hinter „Okypous Louis", Ihrem Beitrag zum kulturellen Begleitprogramm der Spiele?

MARKOPOULOS: Spiros Louis war ein einfacher Mann aus dem Volk. Es ging ihm ums Mitmachen, nicht um materielle Vergünstigungen. Nach seinem Sieg bot der Schuster des Ortes an, ihm kostenlos Schuhe zu machen, Hoteliers wollten ihn gratis bei sich wohnen lassen, aber er lehnte alles ab. Das ist meine Nachricht an die Jugend der Welt: „Lieber Louis, wach' auf und gewinn' noch einmal! Ohne Doping, ohne Trainer, die die Athleten zum Äußersten treiben. So wie die Spiele heute sind, widersprechen sie dem olympischen Geist."

Dürfen Sie wegen dieser kritischen Haltung das Werk nicht bei der offiziellen Olympia-Eröffnungsfeier auf die Bühne bringen?

Ich konnte mit der alten Regierung nicht zusammenarbeiten. Die hat nur populäre Künstler unterstützt, während die anspruchsvolle Kultur zu kurz kam.

Inspiriert Athen Sie?

Athen ist immer eine Quelle für Kraft und neue Ideen. Ich schätze die Tatsache, dass ich in der Stadt von Sokrates, Platon, Solon, Aischylos und Euripides lebe.

STARS UND STERNE II Athener Festival

Maria Callas und José Carreras, Rudolf Nurejew und Margot Fonteyn, Leonard Bernstein und Zubin Mehta – seit 1955 bietet das Musikfestival hochkarätiges Opern-, Konzert- und Tanzprogramm im Herodes-Atticus-Theater. 2004 treten unter anderem Luciano Pavarotti, Gilberto Gil und das Leipziger Gewandhausorchester auf. Kartenbestellungen über **www.greekfestival.gr**

1000 Routen und ein Ziel:
Kultiviertes Reisen mit Studiosus
Studiosus-Reisen erweitern vom ersten Tag an Ihren Blick auf die Welt und schaffen unvergesslich intensive Eindrücke.
Wählen Sie aus dem größten Studienreise-Angebot Europas. Erleben Sie über 100 Länder in ihrer ganzen Vielfalt: Sehenswürdigkeiten und Kultur, Märkte, Strände und die Menschen.
Intensiverleben
Fordern Sie jetzt kostenlos unsere aktuellen Kataloge an:
Per Telefon 00 800/24 01 24 01
(Gebührenfrei für D, A und CH)
Oder Internet www.studiosus.com
Studiosus

PATSAS

Geschmackssache

Das beste Mittel zur Vorbeugung unangenehmer (Spät-)Wirkungen von Retsina & Co ist, so sagen die Griechen, eine Portion Patsás. Diese fettreiche Suppe aus Kutteln und Lamm- oder Kalbsfüßen wird nachts frisch zubereitet und in der Markthalle serviert. Wo tagsüber von ganzen Schweinen bis zur Schuhcreme Waren aller Art feil geboten werden, trifft sich nach durchtanzten Nächten Athens buntes Partyvolk auf einen Teller Patsás im Morgengrauen. **Athinas, Metro: Omonia**

Mal probieren? Fleisch satt in der Markthalle Kentrikí Agora

SCHUSTER

Jenseits der **Leisten**

Stávros Melissinós hat schon vielen weltberühmten Füßen Sandalen verpasst. Zu seinen Kunden zählten die Beatles, Jackie O. und Rudolf Nurejew. Nebenbei hat Melissinós einige Dramen und über 30 Gedichtbände verfasst, die in viele Sprachen übersetzt wurden. Eine Probe: *„Auf, Küfer, auf und fülle mir noch einen Krug voll Wein! / Geformt wie Lippen ist sein Rand, die frohe Botschaft bringen: / Bist Du vom Alter eingeschrumpft, ist dir dein Haar ergraut, / er macht dich jung und frisch, wie toll im Tanz zu springen."* **Ag. Theklas 2**

FUSTANELLA

Rockstars

Im Krieg gegen die Türken war der Faltenrock *fustanella* die Tracht der Guerillas, die statt einer offiziellen Armee kämpften und schließlich siegten. Otto I. machte den Rock zur offiziellen Uniform der Evzonen, einer Eliteeinheit, die heute nur zeremonielle Zwecke erfüllt. Die 400 Falten erinnern an die 400 Jahre türkischer Herrschaft.

GRIECHISCHE SCHRIFT **Entschlüsselt**

Αα	Ββ	Γγ	Δδ	Εε	Ζζ	Ηη	Θθ	Ιι	Κκ	Λλ	Μμ	Νν	Ξξ	Οο	Ππ	Ρρ	Σσ	Ττ	Υυ	Φφ	Χχ	Ψψ	Ωω	Ου/ου	Ει/ει	αι
A	W	G	D[1]	E	Z[2]	I	Th[3]	I	K	L	M	N	X	O	P	R	S[4]	T	Y[5]	F	Ch	Ps	O	U	I	ä

[1]stimmhaftes th wie engl. that, [2]stimmhaftes s, [3]stimmlos th wie engl. thing, [4]stimmloses s, [5]kurzes i wie in Kind
Die Griechen übernahmen im 11. Jh. v. Chr. das Alphabet der Phönizier, ergänzten und änderten es.
Neugriechisch verwendet die altgriechischen Großbuchstaben, Schriftbild und Lautwerte des Neugriechischen weichen häufig voneinander ab. Der Akzent markiert die betonte Silbe, alle Silben werden kurz und Vokallaute offen ausgesprochen.

wir sehen
Kinderträume wahr werden.
Kinder stecken voller Potenzial. Denn sie können alles werden, wovon sie träumen. Mit guten Pädagogen und dem richtigen Werkzeug schaffen sie es auch. Wir begeistern uns für Kinder und deren Potenzial. Davon inspiriert, entwickeln wir die Software, die ihre Träume wahr werden lässt. So helfen wir zum Beispiel Vorschulkindern, ihr sprachliches Talent zu entwickeln. Mehr über unsere Initiative „Schlaumäuse – Kinder entdecken Sprache" sehen Sie unter Microsoft.com/germany/potenzial
© 2004 Microsoft Corporation. Alle Rechte vorbehalten. Microsoft und „Ihr Potenzial. Unser Antrieb." sind entweder eingetragene Markenzeichen oder Markenzeichen der Microsoft Corporation in den USA oder anderen Ländern.
Ihr Potenzial. Unser Antrieb.
Microsoft

Athen

Antike Größe & neuer Chic

Foto: Samuel Zuder

Ein Abend für die Götter: Athen liegt den Gästen im Restaurant auf dem Lykávittos-Hügel zu Füßen. Der Blick reicht über die Dächer der Stadt bis zum stolzen Felsen der Akropolis. Und ganz hinten, am Horizont, leuchten Piräus, der Hafen und das Mittelmeer

Verschrien als Moloch und Smog-Kapitale, hat Athen sich heimlich, still und leise herausgeputzt. Die antiken Stätten sind restauriert, weite Teile der Altstadt autofrei, Kulturszene und Gastronomie auf Weltstadtniveau angekommen. Es ist an der Zeit, Athen neu zu entdecken

Zwischen Säulen philosophieren wie einst Sokrates: Einige Gebäude der Universität wurden im klassizistischen Stil errichtet

Studieren & probieren

Ob Uni oder Zentralmarkt – Athen versorgt Geist und Körper

Foto: Peter [illegible]geaud

Foto: Samuel Zuder

Offen für alles und jeden: Im Zentralmarkt – Kentriki Agorá – gibt es nichts, was es nicht gibt – ob Fisch, Fleisch, Oliven, Gewürze, Obst oder lebendes Vieh und ausgestopfte Papageien. Nachtschwärmer treffen sich hier in den frühen Morgenstunden zum Katerfrühstück

Mikrolímano, kleiner Hafen, heißt der schönste Anlegeplatz von Piräus, wo Freizeitkapitäne neben einfachen Fischerbooten fest machen. Rund um das kreisförmige Hafenbecken reihen sich dicht an dicht Athens beste Fischrestaurants

Foto: Peter Rigeaud

Fisch & Fernweh

Piräus weckt die Sehnsucht auf Weite und Meer

Alle Tage Flohmarkt: In den Gassen von Monastiráki am Rand der Pláka wird täglich gefeilscht, verscherbelt, gekauft – oder auch nur geschlendert

Europa & Balkan

Die neuen Szene-Viertel bieten altvertrautes Chaos

Eingelegte Früchte gibt's überall, die uralte Kaffeemaschine aber nur im Laden neben dem Zentralmarkt

Aug' in Aug' mit der Geschichte: Die Pláka grenzt direkt an die Römische Agora mit der aus Naturstein gemauerten Moschee (Fethiye Djami) aus dem 15. Jahrhundert

Foto: Peter Rigaud

Foto: Peter Rigeaud

Newcomer: In der modern gestylten Bar „Ta Tria Gourounakia“ im Nobelviertel Kolonáki verkehrt, wer sehen und gesehen werden will – und das nötige Kleingeld hat

Tragödien & Komödien

Ob Theater, Café oder Bar – ganz Athen ist eine Bühne

Evergreen: Das Dionysos-Theater am Südhang der Akropolis ist die Mutter aller Bühnen. Schon im 5. Jh. v. Chr gebaut, wurden hier einst zeitgenössische Dramen von Aischylos, Sophokles oder Euripides vor 15 000 Zuschauern gespielt

Foto: Peter Rigeaud

„Christós Anésti" – mit diesen Worten verkündet der Priester in der Osternacht die Auferstehung Jesu. Die Gläubigen in der Dionysos-Kirche in Kolonáki antworten mit „Alithós Ané" – „Er ist wahrhaftig auferstanden"

Foto: Peter Rigaud

Prunk & Popen

Rechter Glaube, seit 1000 Jahren in strenger Tradition

Die griechisch-orthodoxe Kirche ist tief verwurzelt in der Gesellschaft, rund 98 Prozent aller Griechen sind „rechtgläubig", wie „orthodox" zu übersetzen ist. Der Anblick einer Gruppe von Priestern in der Pláka wirkt allenfalls auf Athen-Neulinge exotisch

Foto: Peter Rigeaud

Die Platía Monastiráki ist einer der beliebtesten Plätze der Stadt. Die 1759 hier erbaute Tsistarákis-Moschee erinnert an die lange Herrschaft der Türken. Der morgenländische Einfluss hält an: Sonntags beginnt der basarartige Flohmarkt direkt neben der Metrostation

Metro & Moschee

Mitten in Athen – wo der Orient beginnt

Feierabend! In Athen nimmt man's wörtlich, in vielen Restaurants werden nach einem guten Essen, griechischem Wein und ein paar Ouzo die Tische zur Seite gerückt und die Musik laut gedreht. Mittanzen darf jeder

Foto: Peter Rigeaud

Foto: Peter Rigeaud

Party & Pause

Erholung in Athen hat zwei Seiten: frische Luft und gute Stimmung

Inseln der Ruhe, wie die Platéa Dexamení in Kolonáki sind rar in der Hauptstadt – und deshalb beliebte Treffpunkte für Mensch und Tier

Putzig: Wachablösung vor dem Parlament am Grabmal des Unbekannten Soldaten

Alles ist möglich – aber erst morgen

Wie ist er denn nun, der Grieche an sich und der Athener im Speziellen? Der deutsche Journalist Frank Hartmann ist mit einer Griechin verheiratet und lebt seit drei Jahren in der Nähe von Athen. Sehr gern – und sehr geduldig

Urlaubserinnerungen an Athen? Diese Betonburg aus Flachdächern und glühendem Asphalt, wo die Abgase Herz und Lunge den Rest gaben? Man war doch froh, wenn am Flughafen in Glyfáda die Olympic-Propellermaschine für ein paar Tausend Drachmen endlich nach Kreta, Kos oder Korfu abhob. Doch jetzt gelten die alten Ausreden nicht mehr.

Im stillgelegten Hellenikón entsteht ein Sport-, Freizeit- und Kulturzentrum und die alte Dame hübscht sich auch unterhalb der noblen Vororte Kifissiá und Maroússi auf. *Eláte*, kommen Sie. Rasen wir runter ins Zentrum.

Apropos. Die Athener fahren zu schnell, alkoholisiert, schnallen sich nicht an und nehmen ständig die Vorfahrt. Ein weiteres Vorurteil? Nein, das Ergebnis einer Studie von Notarztbehörde und Universität. Denn im Verkehr regiert das Stammhirn. Vergleichbar einem archaischen Geburtsakt: Als Göttervater Zeus (Autofahrer) erfuhr, dass seine Frau ihm eine Tochter und einen Sohn (Busfahrer) gebären würde, fürchtete er, sein Sohn könnte ihm den Thron (Verkehrslücke) entreißen. So verschlang er die schwangere Metis (Fußgänger), bekam aber Kopfschmerzen (vom Smog) und befahl Hephaistos (Taxifahrer), ihm mit einer Axt den Schädel zu spalten. Heraus hüpfte, in voller Rüstung und mit wildem Kriegsgeschrei, die jungfräuliche Schutzgöttin Athene (Metro) und war fortan Papas Liebling.

In der Unterwelt muss man nur eine Regel beachten, abgeleitet von der Angriffsstellung beim American Football. Wenn die Abteiltür der Metro aufgeht: eine Faust auf den Boden, Kopf runter und beherzt mitdrücken. Sonst kommt man nie rein. Raus auch nicht.

Wer sich erfolgreich rausgedrängelt hat und nicht mit der Rolltreppe nach oben fährt, sondern die Treppe nimmt, fällt gleich als Ausländer auf. Athener gehen nicht! Nicht vor die Tür, wenn es heiß ist oder zwei Tropfen regnet und auch sonst nicht. Lieber fahren sie sich am Wochenende, wenn die halbe Stadt an die Strände flüchtet, im Sand fest. In der Stadt sitzen zu viert auf dem Moped: Vater und Kind eins auf dem Sitz, Mutter auf dem Gepäckträger, Kind zwei auf dem Lenker. Oder sie stellen den Wagen mit eingeschaltetem Warnblinklicht in dritter Reihe vor ihrem Ziel ab.

Kein Vorurteil: Der Athener im Straßenverkehr ist, nun ja, sagen wir, ein wenig rabiat

JWT
mazda
Mehr Biss.
3
mazda
Mazda Bank
ZOOM-ZOOM

Wir nehmen besser eines der 15 000 Taxen. Alle Wagen haben inzwischen Sicherheitsgurte und der Fahrer fährt neuerdings, wohin WIR wollen. Für einen Betrag, den man in Deutschland schon beim Einsteigen zahlt, kommt man durch die halbe Innenstadt mit ihrem Labyrinth aus Nebenstraßen.

Die gilt es zu meiden. Die Bürgersteige sind so schmal, dass der Platz kaum für die Obstbäume reicht. Aufgeplatzte Früchte halten die schiefen Platten schön geschmeidig hinter den dauergeparkten Autos und vor den schwarz glänzenden Plastiksäcken. Die Athener füllen sie schneller, als die Müllmänner sie wegschleppen können – selbst wenn die Müllabfuhr zwischen den Feiertagen mal nicht streikt. Tierlieb sind die Athener auch. Sie stopfen ihre Essensreste mit in die Säcke, damit die rund 5000 streunenden Katzen und Köter, die heimlichen Herrscher der Seitenstraßen, kein Hundeleben führen müssen.

Ebenfalls in dieser Größenordnung bewegt sich die Zahl der *períptera*. An zentralen Plätzen wie Omónia und Syntagma führen die Kioske Aspirin, Batterien, Bus-Tickets, Kekse, Kondome, Milch, Pornofilme, Rasierklingen, Telefonkarten, Zeitungen, Zigaretten. Eben alles, was die Athener zwischen sechs Uhr morgens und drei Uhr nachts plötzlich brauchen könnten.

Wenn sie ihre Handy-Akkus leergequasselt haben zum Beispiel ein antiquiertes Telefon. Sie gehen dann zum nächsten Kiosk und lassen sich den Tastenapparat rausreichen. Die Leidenschaft der Athener, überall und zu jeder Zeit zu telefonieren, hat schon zu einem Handyverbot im Parlament und in allen öffentlichen Gebäuden geführt. Raten Sie mal, wie viele der Dauerredner sich daran halten. Richtig. Das Wort Anarchie ist griechischen Ursprungs!

Athens Motti: Macht nichts! Davon geht die Welt nicht unter! Immer mit der Ruhe!

So wie die Olympischen Spiele. Wie alles andere, beruht auch deren Vorbereitung auf drei Säulen: *Sigá, sigá* (Immer mit der Ruhe), *Dén birási* (Macht nichts) und *Dén chálasse ó kósmos* (Davon geht die Welt nicht unter). Damit erübrigt sich wohl die Frage nach den neuen U-Bahnlinien, Straßen und Sportstätten. Natürlich werden die Handwerker bis zur Eröffnungszeremonie am 13. August wirbeln, aber alles wird fertig sein. Jedenfalls alles Wesentliche. Dazu gehört für die Athener offenbar nicht die Olympische Schwimmhalle – die wird nämlich ohne Dach auskommen müssen, hat das Athener Organisationskomitee verkündet; fünf Monate vor Beginn der Spiele! Das allein ist schon eine großartige Leistung. Und, mein Gott, die paar Reflektionen auf den Linsen der Fernsehkameras. Davon gehen keine Schwimmer unter. Das kratzt keinen Athener.

Die Hauptstädter haben andere Marotten. EU-Statistikern zufolge lesen sie kaum Zeitungen und Bücher und besuchen selten Theater, Museen oder eines der 260 Kinos, die Filme wie den deutschen „Good Bye, Lenin!“ im Original zeigen. Dafür gucken sie stundenlang Fernsehen. Selbst beim Essen in Tavernen, wo sie fast neun Prozent ihres Einkommens ausgeben. Den Rest wahrscheinlich für Tabak. Als Nichtraucher verlängert man besser seinen Urlaub. Die Suche nach einem rauchfreien Tisch in Tavernen und Cafés kostet viel Zeit und Mühe.

So wie das Betrachten der 3000 renovierten, oft neoklassizistischen Fassaden an den Nationalfeiertagen 25. März und 28. Oktober. Dann sieht man sie nämlich kaum, weil mehr blau-weiße Fahnen davor hängen als die Altstadt Einwohner zählt. Im Schwitzkasten von mehr als drei Millionen Zugezogenen stellen die alteingesessenen Athinái eine Minderheit in ihrer eigenen Stadt dar.

Gemeinsam ist allen Athenern, dass sie einen wahren Hygiene-Tick haben und deshalb selbst das Leitungswasser stärker nach Chlor riecht als städtische Badeanstalten in Deutschland. Besonders die jungen Athener sind geradezu süchtig nach Chlor und bevorzugen die gechlorte Variante sogar beim Trinkwasser. Das lassen sie sich übrigens am liebsten zu Hause servieren: Jeder zweite zwischen 25 und 30 lebt noch im Hotel Mamá.

Bürgermeisterin Bakojánni päppelt derweil die alte Dame. Fast eine Dreiviertelmillion neuer Bäume, Büsche und Blumen hat sie pflanzen lassen. Athen als Luftkurort? Hier ist alles möglich. Aber nicht sofort. *Àvrio*, morgen. □

Leidenschaftliche Beziehung: Die Athenerin und ihr Telefon bilden eine Einheit – 24 Stunden am Tag

Alle Angebote unter www.europcar.de oder 0180 / 5 8000 (0,12€/Min.)
Die Welt ist kostbar.
Fahren Sie hin!*
*Potsdam, Park von Sanssouci
Europcar
YOU RENT A LOT MORE THAN A CAR.

Foto: Peter Rigaud

Dorische Säulen haben sie beide: der Parthenon hoch oben und der Hephaistos-Tempel unten auf der Agora

AKRO POLIS

REPORT

Texte: Hans Markus Thomsen

Sie ist das Sinnbild politischer Selbstständigkeit, hat Katastrophen und Kriege überdauert und verfehlten Restaurierungsplänen getrotzt: die Akropolis, der Burgberg Athens, gekrönt vom Tempel der Athena Parthenos. Zu ihren Füßen, auf der Agora, wurde vor 2500 Jahren Europas schönstes Kind geboren – die Demokratie

Der Parthenon: Baustelle seit 2000 Jahren

Vom Philopappos-Hügel hat man den schönsten Blick

auf die Akropolis im Häusermeer. Das fanden 1687 auch die Venezianer und brachten hier ihre Kanonen in Stellung, mit denen sie den Parthenon in Brand schossen. Vorn links das antike Theater des Herodes Atticus, das heute für Festspiele genutzt wird und die Ruinen der zweistöckigen Stoa, die Eumenes II., König von Pergamon, den Athenern schenkte

Halb ionisch, halb dorisch präsentiert sich die Säulenallee der Propyläen

Athens Oberstadt: wo Europa seinen Anfang nahm

Karg und klein war Attika mit seinem Mittelpunkt Athen; kleiner als heute Luxemburg oder das Saarland. Im 6. Jahrhundert vor Christus unterschied es sich nicht von vielen anderen vergleichbaren Plätzen im ägäischen Raum. Und doch begann hier das, was wir Abendland nennen mit seiner Humanität und der einzigen dem Menschen angemessenen Staatsform, die heute immer noch von unzähligen Unterdrückten ersehnt und von Diktatoren gefürchtet wird. Warum ausgerechnet hier?

Sehr verkürzt kann man sagen: Die Athener hatten die Fähigkeit, großen Herausforderungen mit einer ebenso großen, gemeinsamen Anstrengung zu begegnen, und sie hatten das Glück, dass in entscheidenden Situationen Persönlichkeiten aus ihrer Mitte wuchsen, die das Richtige von ihnen forderten – und dass sie das auch vertrauensvoll taten.

Ein Beispiel. Die gesellschaftlichen Gegensätze in Athen hatten sich nahezu aussichtslos zugespitzt: Brutale Ausbeutung auf der einen Seite, erdrückende Erniedrigung auf der anderen. Athen stand vor einem blutigen, verheerenden Bürgerkrieg. Aber es kam kein Bürgerkrieg, es kam Solon. Alle Parteien einigten sich, die Lösung einem Mann anzuvertrauen, den sie mit unbeschränkten Vollmachten ausstatteten. Und Solon tat, was nötig war und was er für das Nötige hielt: Er schaffte die Schuldknechtschaft ab und verringerte die Schulden, er begrenzte die Größe der Landgüter und gab das Land denen, die es durch Verschuldung verloren hatten, wieder zurück. Diejenigen, die ins Ausland verkauft worden waren, holte er wieder heim. Politisch öffnete er der neuen Klasse der Gewerbetreibenden den Zugang zu den höchsten Ämtern, die bis dahin die mächtigen Adelsfamilien unter sich aufgeteilt hatten. Nach einem Rückfall in eine gemäßigte Tyrannis, die das Volk nicht erdrückte, aber die Macht des Adels endgültig brach und Athen mit vielen Bauten schmückte, brachten die Reformen des Kleisthenes die gesellschaftliche Entwicklung weiter voran.

Nun aber kommt Druck von außen: Die kleinasiatischen Griechen stehen auf gegen die Herrschaft der Perser. Es ist nur eine Frage der Zeit, bis der persische Großkönig Darios I. versuchen wird, ganz Griechenland zu unterjochen. Im Jahr 490 v. Chr. ist es so weit: Fast ganz allein stellen sich die Athener dem weit überlegenen Feind entgegen. Und das Glück ist auf ihrer Seite. Athen erkämpft bei Marathon einen glänzenden Sieg – auf dem man sich ausruhen könnte. Aber einer ist überzeugt, dass der Großkönig diese Schmach – die Perser halten sich für unbesiegbar – nicht hinnehmen würde: Themistokles. Er macht den Athenern klar, dass sie gegen die Perser zu Lande viel zu schwach seien, auf dem Wasser aber eine Chance hätten. So bauen sie in rasender Eile eine Flotte aus kleinen, beweglichen Trieren, Schiffen mit Rammsporn und besetzt mit Bogenschützen. Genau zehn Jahre nach Marathon, im Jahr 480 v. Chr. kommen die Perser unter Xerxes mit

SOLON (ca. 640-560 v. Chr.) Als Gesetzgeber sorgte er für den sozialen Ausgleich und schuf so die Grundlagen der attischen Demokratie

THEMISTOKLES (ca. 525-460 v. Chr.) Genialer Stratege, Schöpfer der attischen Flotte, Sieger in der Seeschlacht bei Salamis

SOPHOKLES (ca. 496-406 v. Chr.) Tragödiendichter (Ödipus, Antigone), von seinen 123 Stücken sind nur sieben erhalten

HERODOT (ca. 490-425 v. Chr.) „Vater der Geschichtsschreibung", verfasste eine Universalgeschichte der damals bekannten Welt

GROSSE GRIECHEN >

Poseidon, Apoll und Artemis sind Zeugen und zugleich ergriffene Zuschauer eines einzigartigen Ereignisses: der Geburt der jungfräulichen Göttin Athene, die mit Helm und Rüstung dem Haupt des Zeus entspringt. Diese Szene ist das Hauptthema des Giebelschmucks über dem östlichen Haupteingang des Parthenon

einem riesigen Heer, eher eine Invasion als ein Feldzug. Themistokles rät zu einer schmerzlichen Entscheidung. Die Stadt gegen das Riesenheer zu verteidigen, ist unmöglich. Sie laden Kind und Kegel und alle bewegliche Habe auf ihre Schiffe und überlassen die Stadt den Feinden. Es kommt wie erwartet. Die Perser zerstörten die Stadt bis auf die Grundmauern.

Auf einem für ihn errichteten herrscherlichen Logenplatz will Xerxes nun auch seinen großartigen Sieg über die griechische Flotte erleben. Aber es kommt anders. Die Entscheidung fällt vor Salamis. Die kleinen beweglichen Trieren der Athener, von Themistokles taktisch und strategisch überlegen geführt, bohren mit ihren Rammspießen die schwerfälligen persischen Schiffe zu Kleinholz.

Die Perser waren vernichtend geschlagen. Sie gaben auch die Herrschaft über die kleinasiatischen Griechenstädte auf – und kamen nie wieder. Aber die „Gefahr aus dem Osten" lastete noch lange schwer auf allen Griechen und da die Athener so überlegen geführt und gekämpft hatten, wollten alle unter ihre Fittiche. Der delisch-attische Seebund wurde gegründet, die „Nato der Antike", mit Sitz auf der kleinen Insel Delos. Für die vielen kleinen bis kleinsten Staaten war es einfacher, sich finanziell an der Abwehr der „Gefahr aus dem Osten" zu beteiligen, als eine eigene Streitmacht bereitzuhalten. Athen nutzte die Geldmittel, um seine Flotte weiter auszubauen, aber als neue imperiale Großmacht auch dazu, die eigenen Bündnispartner einzuschüchtern und notfalls zur Zahlung zu zwingen.

Jetzt kam die Stunde des Perikles. Er war ein überzeugter Radikal-Demokrat. Aber er wusste, dass die Demokratie, die ihm vorschwebte, nur gelingen konnte, wenn sie eine wirtschaftliche Basis hatte. Perikles wollte alle Bürger beteiligen. Aber Bürger, die öffentliche Aufgaben übernahmen, konnten nicht gleichzeitig Geld für ihre Familien verdienen. So führt er Diäten ein, als Ausgleich für den entgangenen Gewinn durch eigene Arbeit. Um das zu finanzieren, überführte er die üppig gefüllte Kasse des Seebundes nach Athen und hatte keine Hemmungen, mit diesem Geld auch die großzügige Bebauung der Akropolis zu finanzieren.

Mit dieser „Arbeitsbeschaffungsmaßnahme" brachte Perikles über einen langen Zeitraum viele Mitbürger in Lohn und Brot und schuf glanzvolle Symbole für die von ihm favorisierte Staatsform, die er dadurch auf Dauer festigte. Skrupel gegenüber den kleinen Bundesgenossen, die das alles unfreiwillig finanzierten, hatte er nicht. Plutarch, der in der römischen Kaiserzeit lebte, schreibt in seiner Perikles-Biographie: „Gegenüber der Bürgerschaft machte Perikles klar, dass Athen den Bundesgenossen für ihre Gelder keine Rechenschaft schuldig sei, da es den Krieg für sie führe und sie so vor den Persern beschütze (...) das Geld gehört nicht denen, die es zahlen, sondern denen, die es bekommen, sofern sie nur für den erhaltenen Betrag die vereinbarte Gegenleistung erbringen."

Plutarch weiter: „So wuchsen die Werke, nicht nur in ihrer Größe überwältigend, sondern auch unnachahmlich in der Anmut ihrer Linienführung, denn die Arbeiter wetteiferten darin, sich selbst in der Schönheit ihres handwerklichen Könnens zu übertreffen. Dennoch war wohl das größte Wunder dabei die Geschwindigkeit, mit der die Bauten entstanden. Man könnte denken, dass jeder einzelne von ihnen viele aufeinanderfolgende Generationen zu seiner Vollendung benötigen würde. Aber sie alle wurden in dem Schwung einer einzigen Regierung fertiggestellt."

Moscheen, Kirchen und Tempel: Koexistenz auf der Akropolis

Nach dem griechischen Freiheitskampf wurden alle nichtantiken Elemente der Akropolis zerstört. Moscheen und Kirchen fielen der Reinigungsaktion zum Opfer, die der Akropolis ihren weltoffenen Charakter nahm. Der Engländer Nicholas Revett zeichnete 1787 das einstige Idyll, in dem unterschiedliche Kulturen und Baustile friedlich vereint sind

Unter dem Schutz der Athene: ein Berg für Götter und Menschen

Illustration: Jürgen Willbarth

So muss die Athena Parthenos ausgesehen haben: Die Athena Varvakion ist eine Nachbildung aus römischer Zeit

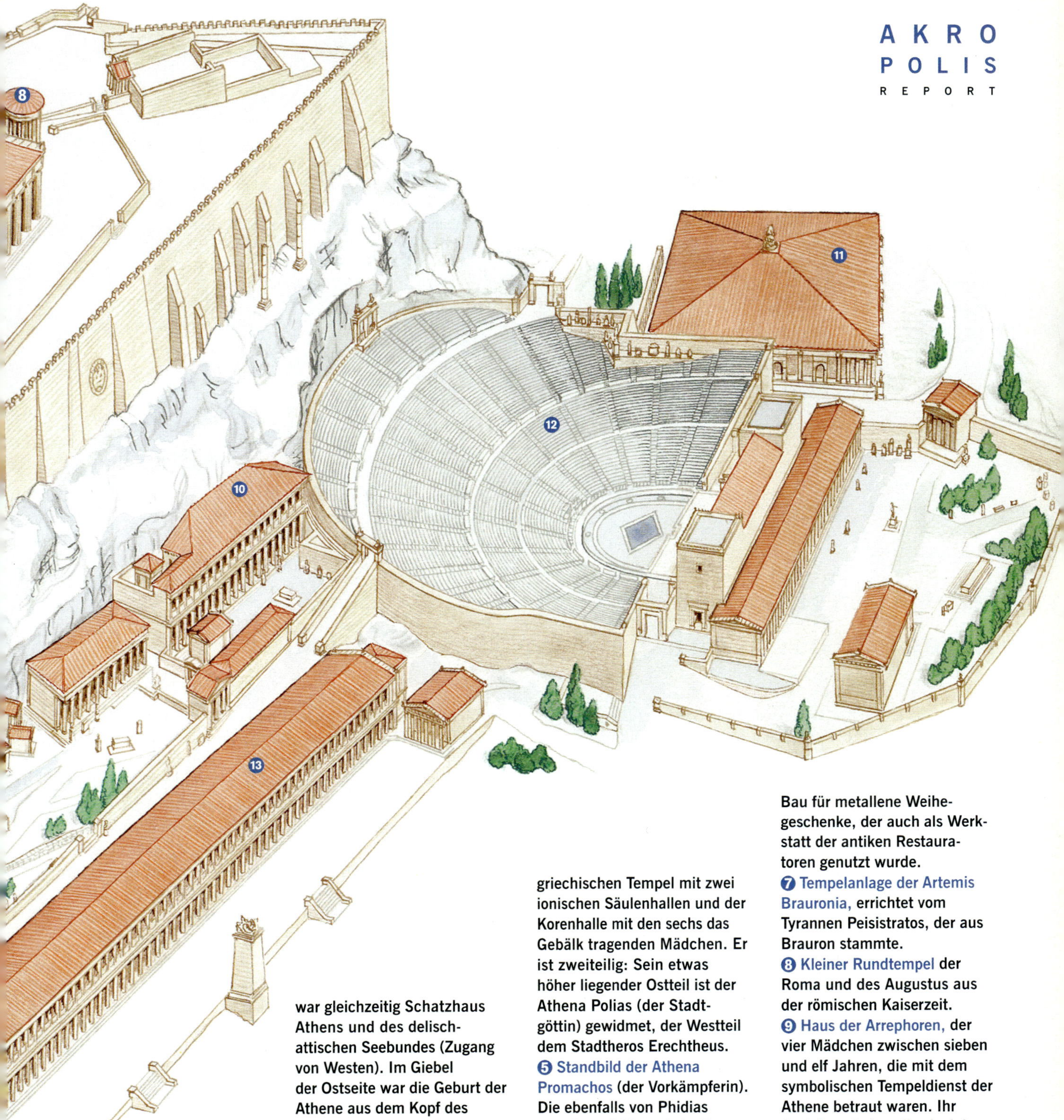

❶ Parthenon, 447-438 v. Chr., ganz aus Marmor erbauter dorischer Tempel, in dem die kolossale Statue der Athena Parthenos (parthenos = jungfräulich) stand (Zugang von Osten). Die Statue, gestaltet von Phidias, ragte 12 Meter hoch und bestand aus Gold und Elfenbein (auch eine Art Staatsschatz). Der Parthenon war gleichzeitig Schatzhaus Athens und des delisch-attischen Seebundes (Zugang von Westen). Im Giebel der Ostseite war die Geburt der Athene aus dem Kopf des Zeus dargestellt, im Giebel der Westseite der Wettstreit zwischen Athene und Poseidon um den Besitz der Stadt.
❷ Propyläen, der prachtvolle ionisch-dorische Torbau (437-432 v. Chr.) ist eine architektonische Glanzleistung, der die Probleme des stark ansteigenden Geländes genial meistert.
❸ Kleiner ionischer Tempel (432-421 v. Chr.) der Athena Nike (der Siegreichen).
❹ Erechtheion (421-406 v. Chr.) Gilt als grazilster aller griechischen Tempel mit zwei ionischen Säulenhallen und der Korenhalle mit den sechs das Gebälk tragenden Mädchen. Er ist zweiteilig: Sein etwas höher liegender Ostteil ist der Athena Polias (der Stadtgöttin) gewidmet, der Westteil dem Stadtheros Erechtheus.
❺ Standbild der Athena Promachos (der Vorkämpferin). Die ebenfalls von Phidias gestaltete 9 Meter hohe Bronzefigur war aus der marathonischen Beute gegossen. Sie ragte so hoch, dass die Schiffer vom Kap Sounion aus den vergoldeten Helmbusch und die Lanzenspitze sehen konnten. Kaiser Justinian brachte sie nach Konstantinopel, dort wurde sie 1203 n. Chr. von den Bewohnern zerstört, weil sie fürchteten, sie könnte den anrückenden Kreuzfahrern den Weg weisen.
❻ Chalkothek, einstöckiger Bau für metallene Weihegeschenke, der auch als Werkstatt der antiken Restauratoren genutzt wurde.
❼ Tempelanlage der Artemis Brauronia, errichtet vom Tyrannen Peisistratos, der aus Brauron stammte.
❽ Kleiner Rundtempel der Roma und des Augustus aus der römischen Kaiserzeit.
❾ Haus der Arrephoren, der vier Mädchen zwischen sieben und elf Jahren, die mit dem symbolischen Tempeldienst der Athene betraut waren. Ihr Amt dauerte jeweils ein Jahr.
Unterhalb der Akropolis:
❿ Heiligtum des Asklepios
⓫ Überdachtes Odeion (Musiktheater) des Perikles.
⓬ Großes Dionysos-Theater, schon von Perikles begonnen und mehrfach umgebaut.
⓭ Eine 163 Meter lange Stoa, die König Eumenes II. (197-159 v. Chr.) der Stadt schenkte.
⓮ Odeion, das der reiche athenische Bankier Herodes Atticus ab 161 n. Chr. errichten ließ.

Farbreste auf ausgegrabenen Stücken beweisen: Die Griechen der Antike liebten es bunt. Links eine Rekonstruktion des Gebälks vom alten Athena-Tempel (Vorgänger des Parthenon). Unten: So etwa sah eine Gebälkecke des Parthenon aus. Auch die Statuen waren bunt bemalt

Drei Katastrophen: Krieg, Pfusch und Smog

Der Besucher, der erwartungsvoll zur Akropolis hinauffährt und oben die in unzähligen Bildern weltweit verbreitete, fast schon zum Klischee gewordene klassische Ruinenlandschaft sucht – Marmorsäulen vor blauem Himmel im berühmten attischen Licht – findet dort eine gewaltige Baustelle: das Krankenlager des bedeutendsten architektonischen Erbes der griechischen Antike. Zwar ist die Westseite (die Rückseite) des Parthenon so weit fertiggestellt, dass sie ein lohnendes Motiv für die knipshungrigen Touristenschwärme hergibt, aber die Propyläen, das monumentale Eingangstor, ist noch immer unter einem gewaltigen Bauzaun verborgen. Um das zierliche Erechtheion mit den berühmten Karyatiden, den das Gebälk tragenden Mädchenstatuen, kann man immerhin weiträumig herumspazieren.

Tassos Tanoulas (52) ist Bauforscher und zuständig für die Restaurierung der Propyläen. Anders als Archäologen sind Bauforscher auch Architekten. Das setzt sie in die Lage, die zum Teil außerordentlich komplizierten statischen Probleme bei der Restaurierung der antiken Bauten zu bewältigen. „Drei Katastrophen", sagt Tassos Tanoulas, „die völlig unterschiedlich sind und nichts miteinander zu tun haben, sind der Akropolis zum Verhängnis geworden."

Katastrophe Nr. 1: Im 17. Jahrhundert führt Venedig Krieg gegen die Türken, die damals Griechenland beherrschen. Der venezianische Generalkapitän Francesco Morosini besetzt 1687 mit einem Söldnerheer unter dem deutschen Grafen Königsmark Athen und belagert die Akropolis, auf der sich die Türken verschanzt haben. Ihre gesamten Vorräte an Schießpulver bringen die Türken in den Parthenon-Tempel, weil sie davon ausgehen, dass die gebildeten „Abendländer" das antike Kleinod verschonen. Aber das ist ein Irrtum. Einem Lüneburger Kanonier gelingt ein Volltreffer, die Pulvervorräte explodieren, der Tempel wird förmlich auseinandergerissen, und die anderen Bauten werden schwer beschädigt. Politisch-militärisch war das ganze sinnlos, denn die Türken waren noch so stark, dass die Venezianer Athen schon nach kurzer

EURIPIDES (ca. 480-406 v. Chr.) Mit seinen Dramen erzielte er größte Wirkung (Medea, Elektra), auch auf die deutsche Klassik

THUKYDIDES (ca. 460-400 v. Chr.) Erster „moderner" Historiker, analysierte und unterschied zwischen Anlässen und Ursachen

ARISTOPHANES (ca. 445-385 v. Chr.) Beliebter Komödiendichter (Lysistrata, Die Frösche), von genialem, auch vulgärem Wortwitz

PLATON (ca. 427-347 v. Chr.) Philosoph. Schöpfer der Ideenlehre und Begründer der (erst später so bezeichneten) Metaphysik

In der Computer-Animation von Gebälk und Kassettendecke der Propyläen sind die sorgfältig ergänzten neuen Marmorteile gut zu erkennen. Sie sind nicht mehr mit Eisen verklammert, sondern mit Titanstäben verbunden und mit Zement verkittet

Schadhafte und bei der früheren Restaurierung oft gewaltsam passend gemachte Säulentrommeln werden entfernt und durch neu angefertigte ersetzt

Zeit wieder aufgeben mussten. Immerhin konnte der Graf Königsmarck stolz verkünden, „eine ruchlose Moschee" zerstört zu haben – der Tempel diente damals als muslimisches Gotteshaus.

Katastrophe Nr. 2: Die Restaurierung der Bauten Ende des 19. Jahrhunderts. Der archäologisch nicht vorgebildete Bauingenieur Nicolas Balanos wollte schnelle Erfolge vorweisen mit dem Ergebnis, dass schon nach ein paar Jahrzehnten die Schäden größer waren als vor der Restaurierung. Er ließ zum Teil wahllos Ruinenstücke aufeinander türmen und mit dicken Eisenklammern verbinden, die schnell rosteten und die Marmorblöcke auseinandersprengten: Eisen dehnt sich stark, wenn es oxydiert. Zwar hatten auch die antiken Baumeister Eisenklammern verwendet, diese aber dann sorgsam mit Blei vergossen.

Katastrophe Nr. 3: Der saure Regen, verursacht vor allem durch den gewaltigen Autoverkehr in der Vier-Millionen- Einwohner-Stadt. Die schädliche Säure löst den Marmor auf und der Regen kann Schicht für Schicht herunterwaschen: Die schön kanellierten Säulen verlieren ihre Form und werden rund.

Trotzdem ist Bauforscher Tassos Tanoulos sicher, dass die Bauten gerettet werden. Das brauche aber viel Zeit: Allein bei den Propyläen müssen mehr als 2000 Einzelteile sortiert, die zueinander passenden zusammengeführt und mit neuen Stücken behutsam ergänzt werden.

Der Hamburger Archäologe Lambert Schneider allerdings ist skeptisch: „Mit jeder Restaurierung wurde die jeweils vorangegangene geschichtliche Phase teilweise gelöscht. Heute werden wissenschaftliche und außerwissenschaftliche Eingriffe der ersten Hälfte des letzten Jahrhunderts unter dem Banner historischer ‚Wahrheit' getilgt. Von Spuren echter, auch schmerzhafter Geschichte befreit, wandeln sich die Steinensembles zum aseptischen Präparat." □

DIOGENES (um 400 v. Chr.) Philosophie der völligen Bedürfnislosigkeit (in der Tonne), überliefert in Anekdoten von schlagfertigem Witz

DEMOSTHENES (ca. 384-322 v. Chr.) Begründer der politischen Redekunst, bekannt: seine Warnungen vor Philipp II. von Makedonien

ARISTOTELES (ca. 384-322 v. Chr.) Schüler Platons und Lehrer Alexanders des Großen, einflussreichster Philosoph des Abendlandes

EPIKUR (ca. 341-271 v. Chr.) Philosoph des persönlichen Glücks und der Befreiung von der Furcht (vor Göttern und Tod)

Mehr als nur Markt

Sie war der öffentliche Ort der Begegnung, des Gesprächs, der Nähe, des Miteinanders, des Handels und der Händel. Die Agora ist die Wiege und Bühne der Demokratie

Texte: Hans Markus Thomsen, Illustration: Jürgen Willbarth

War die Akropolis die weithin leuchtende Zier der Stadt, glanzvolles Symbol ihrer Stärke und Macht, so war die Agora zu Füßen des Burgberges ihr pulsierendes Herz. War oben fast alles der mächtigen, gewaltigen Göttin geweiht, so war unten alles nach menschlichem Maß gemacht: der geschäftige, geschwätzige Markt – des Volkes wahrer Himmel. Agora heißt: Versammlungsplatz (*ageirein* = sich versammeln), bei den Griechen ist das der Mittelpunkt allen öffentlichen Lebens.

Denn auf der Agora vollzog sich das politische und wirtschaftliche Geschehen. Hier entstanden und etablierten sich die demokratischen Institutionen, hier entfaltete sich die Marktwirtschaft und entwickelte sich der Geldverkehr. Hier wurden die Münzen geprägt, die wegen ihres hohen Silbergehalts im gesamten Mittelmeerraum als anerkannte internationale Währung galten. Die Athener schützten und bewachten ihre Münzqualität sorgfältig gegen jede Art der Verfälschung. Auf der Agora wurde der Reichtum Athens erwirtschaftet und die Stadt mit hochwertigen Gütern versorgt. Es gab nichts, was auf der Agora nicht gehandelt wurde. „Du wirst finden", schrieb der Komödiendichter Eubulos, „dass in Athen auf demselben Platz verkauft werden: Äpfel, Birnen und Zeugen, Feigen und Gerichtsbeamte, Trauben, Myrten und Gesetze, Hyazinthen, Lämmer und Anklageschriften."

Auf der Agora versammelte sich das Volk, um Gesetze zu beschließen. Hier tagten die Geschworenengerichte. Auf der Agora hatten die Amtsträger ihre Arbeitsräume, gab es ein Mess- und Wiegeamt und eine große Staatskantine, im Prytaneion. War Athen die kulturelle Mitte ganz Griechenlands, so war die Agora Athens zentrale Kraftquelle.

Anders als die römischen Foren war die athenische Agora nicht gepflastert, sondern nur mit Kies befestigt. Platanen spendeten Schatten und machten sie fast zu einem Park. An den öffentlichen Brunnen mit fließendem Wasser konnten sich die Frauen zu einem Schwätzchen treffen. Über den ganzen Platz verstreut gab es Altäre, meist den Stadtheroen gewidmet.

Was die Agora Athens aber so besonders „wohnlich" machte, waren die Säulenhallen, die den Platz umgaben. Eine Säulenhalle (Stoá) ist eigentlich nur ein Dach, das auf der einen Seite von einer festen Wand und von der anderen Seite von einer

Ostrakismos: Einer muss raus

So groß war die Furcht der Athener, einer aus ihrer Mitte könnte wieder eine Tyrannis errichten, dass sie eine bis heute einzigartige demokratische Institution schufen: das Scherbengericht. Einmal im Jahr versammelten sich alle Bürger auf der Agora, nur um allgemein über die Frage abzustimmen, ob diese Gefahr bestünde. Wenn eine Mehrheit das bejahte, versammelten sich die Bürger zwei Monate später noch einmal. Diesmal aber trug jeder eine Tonscherbe (*ostrakon*) bei sich, auf der der Namen desjenigen stand, von dem er dies befürchtete. Entschieden sich mehr als 6000 Menschen gegen einen Mitbürger, so musste der für zehn Jahre in die Verbannung gehen – in allen Ehren und ohne Verlust von Hab und Gut. Aber diese Institution hatte Schwächen in der Praxis. Gerade ein demagogisch begabter Politiker konnte so seinen wichtigsten Konkurrenten ausschalten. Bei den Ausgrabungen wurde ein Behälter mit 190 Tonscherben gefunden. Alle mit dem Namen Themistokles. Analysen der Handschriften bewiesen, dass diese 190 Scherben von nur 14 Leuten beschrieben worden waren. Ein Indiz dafür, dass auch die Wahlfälschung, heute trotz UNO-Beobachtern in vielen Ländern gang und gäbe, ihren Ursprung in der griechischen Antike hatte.

Tonscherbe (*ostrakon*), auf die jeder den Namen desjenigen schrieb, der Athen für zehn Jahre verlassen sollte. Hier ein Votum für Perikles, gegen den sich jedoch keine Mehrheit fand

❶ Tempel des Hephaistos (Hephaisteion), des Gottes der Schmiede. Er ist im dorischen Stil erbaut und der am besten erhaltene griechische Tempel ❷ Odeion (Ode = Lied,

Säulenreihe getragen wird. Im griechischen Klima bot sie Schutz zu jeder Jahreszeit und da die Stoen zur Agora hin offen waren, luden sie ein zu Begegnungen, Verhandlungen und zum spontanen Gespräch, der beliebtesten Beschäftigung der Athener. Die Stoen blieben im Grundplan immer gleich, sie wurden nur größer und länger mit zwei und drei Säulenreihen und sogar zwei Stockwerken. Und statt der hinteren Wand wurden Läden und Lagerräume gebaut. Nirgendwo sonst konnten gerade die Philosophen sicherer sein, Zuhörer zu finden. In der ältesten Stoá, der Stoá Poikile (*poikile* = die bunte, weil sie mit Fresken geschmückt war, die unter anderem die Schlacht von Marathon darstellten) lehrte der Philosoph Zenon von Kition, dessen Anhänger nach ihr „Stoiker" genannt wurden.

Anders als die Akropolis, deren Bauten über die Jahrhunderte erhalten blieben, ist die athenische Agora nach dem Niedergang Athens praktisch völlig verschwunden, unter Schutt vergraben und überbaut worden.

Der Tempel des Hephaistos auf dem westlichen Hügel war als einziges Gebäude immer sichtbar und die Stoá des Attalos zwischen 1859 und 1862 von der Griechischen Archäologischen Gesellschaft wieder freigelegt worden. Eine genaue Lokalisierung der Agora und ihre erfolgreiche Ausgrabung gelang jedoch erst 1931 der „American School of Classical Studies", die noch immer daran

Rekonstruktion der athenischen Agora: Bis heute am besten erhalten ist der Tempel des Hephaistos (1). Von manch anderen Gebäuden sind nur noch die Fundamente zu besichtigen

Gesang), überdachtes Musiktheater ❸ Heliaia, von Solon eingerichtetes Volksgericht, in dem bis zu 6000 Heliasten zu Gericht saßen ❹ Stoá poikile (bunte Stoá), in der der Philosoph Zenon lehrte ❺ Stoá des Attalos, mit zwei Stockwerken größte und prächtigste Stoá auf der Agora ❻ Buleuterion (Rathaus), in dem die 500 Buleuten (Ratsmitglieder) zusammenkamen ❼ Tholos, Rundbau, in dem die Prytanen (der Exekutiv-Rat, maximal 50 Mitglieder) auf Staatskosten speisten, mindestens zwölf auch nachts schliefen ❽ Altar der zwölf Götter, von dem aus alle Entfernungen in Attika gemessen wurden ❾ Tempel des Kriegsgottes Ares ❿ Südost-Tempel und Nymphaion ⓫ Nymphaion (Brunnenhaus)

arbeitet. Es ist ein bis heute andauerndes Mammutunternehmen, dessen Erfolge zu den großen Triumphen der modernen Stadtarchäologie gehören. Die Ausgrabungen haben die Welt des antiken Athen, die wir bisher nur aus verstreuten und beiläufigen Schilderungen antiker Autoren kannten, wieder lebendig werden lassen. Die Funde dokumentieren die Entwicklung Athens von ihren Anfängen über ihre Blütezeit bis zu ihrem Niedergang. In der rekonstruierten Stoá des Attalos ist heute ein Museum eingerichtet, in dem die über 180 000 Funde verwahrt werden, das Ausgrabungsgelände ist ein erholsamer archäologischer Park. □

Der Schuster Simon

Ein Tag im privaten und öffentlichen Leben eines Handwerkers und freien Bürgers im antiken Athen

Exito!" (Es kommt was raus!) tönt laut und warnend eine Stimme. Aber trotz geübtem Sprung entgeht Simon nur knapp der Ladung, die nun zu seinen Füßen liegt: ein Haufen aus Fischgräten und Gemüseresten, um den sich schnell Athens ewig hungrige Hunde und Katzen kümmern. Simons Blick streift den Haufen, der da neben vielen anderen, schon auseinandergezausten, auf dem Boden liegt, mit gleichgültigem und zugleich befriedigtem Blick. Denn dieser Unrat, unter anderem, sichert ihm sein Auskommen. Wer möchte schon barfuß durch diese Gassen gehen, wenn er sich Simons Schuhe leisten kann? Simon ist ein guter Schuhmacher, das wird ihm immer wieder gesagt, auch wenn einige es wohl nur tun, um ihm zu schmeicheln, wenn sie in seine kleine Werkstatt kommen, nicht zum Kaufen, sondern nur um zu diskutieren, mit Sokrates zum Beispiel oder Alkibiades und Perikles, die wiederum, das ist ihm klar, nur deshalb kommen, weil sie Sokrates bei ihm vermuten. Gut, dass seine Werkstatt nur ein paar Minuten von der Agora entfernt liegt. So hat er nicht nur immer gute Kunden, sondern auch interessante Gäste. Und er, Simon, kann seine täglichen Einkäufe ohne großen Aufwand erledigen.

Simon geht gern zum Markt. Um sich nicht von den vielen Leckerbissen zum Naschen verführen zu lassen, hat er heute schon sein schnelles, kleines Frühstück, die *akratisma*, eingenommen: ein Stück Fladen, in Wein getaucht und ein paar Oliven und getrocknete Feigen.

Die Agora ist, im Gegensatz zu den umliegenden Gassen, immer sauber gefegt. Dafür sorgen die *agoranomoi*, die städtischen Beamten, die den Markt überwachen. Lautes Geschrei zeigt Simon, dass sie wieder einmal einen Übeltäter erwischt haben. Der hat Nüsse in einem nicht genormten Gefäß abgemessen. Der Beamte nimmt das Gefäß an sich, versteigert seinen Inhalt unter den Umstehenden, zieht den Betrag für die Staatskasse ein und zerbricht das Gefäß. Simon nickt zufrieden, aber er weiß, dass er trotzdem darauf achten muss, nicht übers Ohr gehauen zu werden, denn einen *agorastes*, einen im Feilschen erfahrenen Sklaven, kann sich nur so einer wie Kallias leisten, der ihm jetzt freundlich zunickt.

„Ich wusste nicht, dass du ein Phyllotrogos bist, ein Grünzeugfresser", sagte er nach einem Blick in Simons Korb. „Elpinike und die beiden Töchter essen es so gern", antwortet Simon etwas verlegen. „Es sättigt, ist gesund und kostet nicht viel", sagt eine ruhige Stimme hinter ihnen. Simon hat die Gegenwart seines Freundes Sokrates schon gespürt, bevor der sich ins Gespräch mischte. Denn auf eine unerklärliche Weise fühlt sich Simon gut, wenn Sokrates in seiner Nähe ist.

„Zur rechten Stunde treff' ich mit euch zusammen", lacht Kallias, „ich möchte heute abend ein Gastmahl geben für Männer wie euch, die festlich geputzten Geistes sind." Sokrates und Simon danken, wie es schicklich ist, für die Einladung, ohne zuzusagen. Als aber Kallias merken lässt, dass er es übelnehmen würde, wenn sie ablehnen, nehmen sie die Einladung an.

Jetzt aber drängt Simon zum Aufbruch. Perikles will mit seiner Gattin Aspasia in seine Werkstatt kommen. Freunde aus ihrer Heimat Milet haben Aspasia modisches Schuhwerk geschickt. Aber die Schuhe sind zu klein und Simon soll eine passende Kopie herstellen. Wie selbstverständlich schließt Sokrates sich ihm an, erinnert Simon aber, dass er Elpinike ein kleines Geschenk schulde, weil er heute abend nicht im Kreis seiner Familie zu Abend esse, sondern sich bei einem Symposion vergnüge. Simon entschließt sich für ein Parfumfläschchen, sinnigerweise in Form eines dekorativ beschuhten Fußes.

In der Werkstatt warten Perikles und Aspasia schon auf Simon. Anmutig und ohne sich zu zieren, steigt Aspasia auf Simons Werktisch, damit er Maß nehmen kann. Sie schürzt ihren Chiton und lässt sich von Perikles die modischen bunten Bänder öffnen, mit denen ihre Schuhe

Die athenischen Münzen waren wegen ihres hohen Silbergehaltes eine begehrte, internationale Währung

befestigt sind und die bis zum Knie reichen. Perikles, ausgerechnet er, denkt Simon später, macht jetzt eine anzügliche Bemerkung und ausgerechnet Sokrates beginnt als erster herzlich zu lachen. Aspasia stimmt fröhlich ein und als Simon in die einverständig heiteren Gesichter blickt, ringt auch er sich ein Lächeln ab. Obwohl er es zutiefst ungehörig findet, so zu reden, wie Perikles es getan hat, und froh ist, dass weder Elpinike, noch seine Töchter Perikles' Bemerkung hören konnten.

Nicht zum ersten Mal fühlt Simon sich überfordert, wenn er die drei zu Gast hat. Er sieht, dass Sokrates, der doch nicht müde wird, von anderen zu fordern, tugendhaft zu handeln, Aspasias Nähe genießt. Sicher, sie ist die Gattin des auch von Simon verehrten Perikles und sie ist schön und überaus klug. Auch ist sie warmherzig und tut viel Gutes mit ihrem wie auch immer erworbenen Geld. Aber sie war doch eine stadtbekannte Hetäre und manchmal, denkt Simon, verhält sie sich, als sei sie es noch immer. So begleitet sie Perikles zu vielen öffentlichen Veranstaltungen, auf denen Frauen eigentlich nichts zu suchen haben und duldet es, dass Perikles sie in der Öffentlichkeit herzhaft umarmt. Einmal ließ sie sich sogar vor aller Augen von ihm auf den Mund küssen. Simon erstarrt noch immer vor Entsetzen, wenn er daran denkt. Seine Töchter jedenfalls, das weiß er sicher, würden so etwas nie tun.

In diesem Augenblick kommt Penelope, die Jüngere seiner beiden Töchter herein und erinnert ihren Vater, dass heute morgen der Gerichtsbote die Nachricht gebracht hat, er sei als Geschworener ausgelost für eine Gerichtsverhandlung. Und er solle ja nicht vergessen, sich vorher die *symbola* aushändigen zu lassen, eine Bronzeplakette, die ihn berechtigt, nach der Verhandlung das Geschworenengeld zu empfangen.

Simon schmunzelt, denn er weiß, dass nicht Pflichterfüllung allein sie erinnern lässt. Sie möchte ihm hinterher, wie gewohnt, die paar Obolen abhandeln, die er für sein öffentliches Amt erhält.

Auf die Gerichtsverhandlung freut Simon sich. Denn er weiß, dass Demetrios die Anklagerede halten wird. Der spricht zwar leise und wirkt immer etwas schüchtern, aber

Auf dem Werktisch liegt das Lederstück für die Sohlen. Darauf steht die Kundin, damit der Schuhmacher Maß nehmen kann. Mit dem halbmondförmigen Messer schneidet er die Sohle passgenau zu. Ihm gegenüber bearbeitet der Gehilfe das Oberleder. Auf dem Brett an der Wand liegen Zange und Ahlen, unter dem Tisch steht eine Schüssel mit Wasser zum Einweichen des Leders

Phantasievolle Parfümflakons aus Ton

alle hören aufmerksam zu, wenn er spricht. So ist es auch diesmal. Als der Gerichtsdiener die Klepsydra anstellen will, eine Wasseruhr, die die Redezeit der Kontrahenten begrenzt (eine Füllung dauert etwa sechseinhalb Minuten) bringt Demetrios alle Geschworenen lachend auf seine Seite, indem er erklärt, allein um alle Missetaten des Angeklagten aufzuzählen, benötige er mindestens zwei Füllungen der Uhr. Es wird ein kurzer Prozess und es ist mit 201 Geschworenen nur ein kleines Gericht. Simon legt nachdrücklich eine durchbohrte Stimm-Marke (für schuldig) in die Wahlurne. Er ist froh, dass ein unverbesserlicher Betrüger endlich aus der Stadt gejagt wird.

Zu hause nimmt Penelope „ihre" Obolen jubelnd in Empfang, und nach einem kurzen Imbiss führen die beiden ihrem bequem auf der Kline ruhendem Vater die Tänze vor, die sie mit anderen Mädchen zum Fest der Artemis eingeübt haben. Sie tragen nur kurze Chitonia, Philesia spielt auf der Doppelflöte und schlägt mit dem Fuß den Takt und Penelope dreht anmutige Pirouetten.

So fühlt Simon sich bestens eingestimmt, als er, nach einigen Stunden in der Werkstatt, abends zu Kallias geht. Denn bei Kallias, das weiß er, wird nicht nur bestens geschmaust, sondern auch beste Unterhaltung geboten. Und so ist es auch diesmal. Sokrates spricht es wie immer, als erster aus: „Wahrlich, Kallias, du bewirtest uns aufs Prächtigste! Denn du hast uns nicht nur ein tadelloses Mahl vorgesetzt, sondern versorgst uns auch aufs Angenehmste mit Ohrenschmaus und Augenweide. Aber wäre es nicht eine Schmach, wenn wir auch nicht mal einen Versuch machten, uns bei unserem Zusammensein untereinander zu fördern? So sollte doch jeder mitteilen, was ihm von seinem Wissen das Wertvollste scheint."

„Wohlan denn", sagt Kallias, „so will ich zuerst euch sagen, worauf ich mir am meisten zugute tue. Ich glaube mich nämlich darauf zu verstehen, wie Menschen besser zu machen sind."

So sagen auch alle anderen nacheinander, was sie am besten verstünden und worauf sie besonders stolz seien. Zum Schluß ist Lykon an der Reihe, der sagt, dass er stolz sei auf seinen Sohn Autolykos, der den Sieg davongetragen habe beim Pferderennen im Pankration. „Und du, Autolykon", fragt Kallias, „du bist sicher stolz auf deinen Sieg!" – „Nein", antwortet Autolykos schamrot, „ich bin stolz auf meinen Vater." Und schmiegt sich gleichzeitig an denselben an. Als Kallias das sieht, ruft er: „Weißt du wohl, Lykon, dass du der reichste aller Menschen bist?"

Alle stimmen zu und damit ist das Gastmahl zu Ende. Nur Simon wird noch lange wachbleiben, um alles Gesagte zu überdenken und – wie immer – das Wichtige davon aufzuschreiben. □

Hans Markus Thomsen, *Philologe und Historiker, lebt als freier Autor in Hamburg.*

Simons Spuren

Simon, der Schuhmacher, ist keine von MERIAN erfundene Gestalt.
Platon erwähnt Simon zwar nicht, wohl aber Phaidon von Elis. Und Diogenes Laertes schreibt über Simon: „Wenn Sokrates in seinen Laden zum Diskutieren kam, pflegte er sich aus der Erinnerung über das gesprochene Notizen zu machen, deshalb heißen diese Dialoge die Schuhmacher-Dialoge." 33 sind in einem Buch gesammelt. Sie sind nicht erhalten.
Plutarch, der 500 Jahre später lebte, waren sie wohl vertraut, wenn er schreibt. „Ich wünschte, ich wäre ein Schuhmacher im alten Athen, dann könnte Sokrates hereinspazieren und in meinem Haus neben Perikles sitzen und mit ihm schwatzen."
Und die Archäologen der „American School of Classical Studies at Athens" freuen sich über ihre Entdeckung: „Wir haben einen Schuhmacher aus dem 5. Jahrhundert mit Namen Simon und er arbeitete so dicht als überhaupt möglich bei der Agora. Der archäologische Befund deutet darauf hin, dass dies genau der Laden ist, den Perikles aufgesucht und den Sokrates als inoffizielles Klassenzimmer benutzt hat."
Was Simon aber an diesem einen Tag gedacht und getan hat, ist Fiktion, die sich allerdings auf die antiken Quellen stützt.

PERIKLES (ca. 500-429 v. Chr.) Staatsmann, Vollender der attischen Demokratie, Namensgeber des Perikleischen Zeitalters

SOKRATES (ca. 469-399 v. Chr.) Begründer der Ethik, die nicht durch ihn, sondern durch Platons „Dialoge" überliefert ist

ZENON (ca. 333-262 v. Chr.) Begründer der stoischen Philosophie, benannt nach der Stoá Poikile auf der Agora von Athen

GESCHICHTEN, DIE AUF DER STRAßE LIEGEN

Die Pláka hat Konkurrenz bekommen: In den angrenzenden Vierteln **Psirrí** und **Gázi** etabliert sich Athens junge Szene. Die Schriftstellerin Ersi Sotiropoulos führte MERIAN zu den schönsten und aufregendsten Ecken

Text: Verena Carl, Fotos: Georg Knoll

Griechischer Wein im Schatten alter Bäume: Aus der Pláka, Athens Altstadtviertel, sind Autos weitgehend verbannt. Die Gäste der Taverne „O Plátanos" wissen das zu schätzen

Psirrí - aufregend

exotisch, aber auch irgendwie gemütlich

Es ist Sonntagmorgen, und die Stadt ist still. Verdächtig still. Wahrscheinlich hat sie gestern zu viel gefeiert und jetzt einen kleinen Kater. Kein Hupen, keine knatternden Mofas, alles scheint noch zu schlafen. Die Akropolis, die sich im Morgenlicht über den Dächern der Altstadt sonnt. Die Häuser, die mit ihren pastellfarbenen Fassaden und den halb heruntergelassenen Rollläden an die Gesichter alternder Filmdiven erinnern. Nicht einmal der Punk mit dem pinkfarbenen Irokesenkamm ist da, der sonst auf der Straße steht und italienische Schlager singt. Wach sind zu dieser Stunde nur ein paar Großmütter, die adrette Enkel zur Kirche schleppen, und ein paar Touristen mit Sonnenhüten, die sich gegenseitig vor Souvenirshops fotografieren. Und eine kleine schwarzhaarige Frau in Cape und Schnürstiefeln, die auf einem Balkon der Pension „Acropolis House“ vor ihrem Laptop sitzt. Eine Sonnenbrille verdeckt ihre neugierigen braunen Augen, sie raucht mindestens die siebte Zigarette des Tages und lässt dazu ihre Finger über die Tasten gleiten. „Zu Hause kann ich einfach nicht arbeiten“, sagt Ersi Sotiropoulos. Und so hat die 51-jährige Schriftstellerin einmal wieder ihre verwinkelte Dachwohnung im Altstadtviertel Pláka, die sie mit Mann, Hund und Katze teilt, gegen ein spartanisches Zimmer drei Straßen weiter eingetauscht.

Ersi Sotiropoulos schreibt Kurzgeschichten und Romane. Für einen davon, auf Deutsch 2001 unter dem Titel „Bittere Orangen“ erschienen, gewann sie den Griechischen Staatspreis für Literatur. In ihren Texten geht es um Leben und Tod, Glück und Abgründe und oft ist eine der Hauptpersonen kein Mensch, sondern eine Stadt. „Er liebte Athen“, heißt es in ihrem neuesten Buch „Die Bestie zähmen“, und zwei Zeilen weiter: „Eine hässliche Stadt. Eine schweinische Stadt. Eine Chamäleon-Stadt.“

Die Schriftstellerin aus Patras ist der unberechenbaren Metropole in inniger Hassliebe verbunden. „Ein bisschen Europa, ein bisschen Mittelmeer, ein bisschen Balkan“, sagt sie mit nikotingegerbter Stimme, „das ergibt viel Energie.“ Und Stoff für Geschichten, die hier auf der Straße liegen. Wenn auch nicht unbedingt auf dem Touristen-Trampelpfad. Der führt von der Akropolis durch die Adrianou- in die Kidathinéon-Straße. Ein Kitsch-Basar, auf dem Barbies im Athene-Outfit, Perikles-Plastikbüsten und Badelaken mit Madonna-Konterfei verramscht werden. Nicht die Heilige, sondern die Pop-Ikone. Ersi Sotiropoulos findet ihre Ideen eher abseits. Mal in schmutzigen Winkeln, mal in idyllischen. Zum Beispiel in Straßen wie Trípodon und Erotokrítou, die aussehen, als hätten sie das vorige Jahrhundert im Dornröschenschlaf verbracht. Die Holztische der Taverne „Psarás“ mit ihren buntkarierten Decken könnten beinahe noch aus dem Eröffnungsjahr 1898 stammen. Es riecht nach Gebratenem, Katzen wetzen ihre Krallen am Geflecht der Stühle, nebenan kauft ein Pope Ikonen im Devotionalienhandel und von irgendwo klingt das Klappern der Würfel auf einem Backgammonbrett.

Manche dieser Ecken hat sie bereits literarisch verewigt. Zum Beispiel das versteckte Lokal „O Plátanos“, in

Das neue „In“-Viertel Psirrí wird schon mit SoHo in Manhattan verglichen. Ins frühere Rotlichtviertel ziehen moderne Bars, Cafés und Ateliers

Warten auf Kundschaft: Gewürzläden, wie hier im Zentralmarktgebäude, verbreiten einen Hauch von Orient in Psirrí

dem die beiden Gegenspieler Sid und Sotiris in „Bittere Orangen“ unter Platanen speisen. Die Karte („Bauernsalat und Kichererbsencreme, Sardellen und fritierter Tintenfisch“) ist authentisch, nur der direkte Blick auf die Akropolis ist erfunden. Und wenn in einer Sotiropoulos-Erzählung eine Kirche vorkommt, dann sieht sie bestimmt aus wie die Kleine Mitropolis aus dem 12. Jahrhundert. Das rötlich-goldene Licht im Inneren erinnert an die Heiligenscheine auf orthodoxen Ikonen, unter der niedrigen Decke fühlt man sich geborgen wie in einer Felsenhöhle.

Beim Athener Erdbeben von 1999 flüchtete die Schriftstellerin mit ihrer Teenager-Tochter hierhin, allerdings eher aus pragmatischen als aus religiösen Gründen, schließlich wohnt sie gleich um die Ecke. „Ich fühle mich mehr zum Buddhismus hingezogen als zum Christentum“, sagt sie, „aber ich mag das orthodoxe Ritual – Weihrauch macht mich high.“

Ein Spaziergang mit Ersi Sotiropoulos kann dauern, denn alle zehn Minuten trifft sie Bekannte. Griechische Intellektuelle sind leicht zu erkennen: schwarz gekleidete Sonnenbrillenträger, die aussehen, als würden sie gleich mit Jean-Paul Sartre einen trinken gehen. Geballt zu finden auf dem Sonntagsflohmarkt am Avissinías-Platz. Dichter und Denker bummeln zwischen ausrangierten Chorgestühlen und rostigen 20er-Jahre-Bügeleisen oder kehren auf einen Drink ins „Café Avissinía“ ein, das mit seinem leicht heruntergekommenen Jugendstil-Dekor selbst wirkt wie ein Flohmarktstück. Dort könnte man wunderbar den Mittag verbummeln und „Frappé“ trinken, aufgeschäumten Nescafé auf Eis. Aber Ersi Sotiropoulos will keine Pause machen, denn gleich hinter dem Flohmarkt beginnt ihr Lieblingsviertel: Psirrí.

Aus dem früheren Rotlicht- und Kleingewerbeviertel ist eine Gegend im Umbruch geworden. In Kellerwerkstätten lärmen Schweißbrenner, hinter unverputzten Fassaden mit bengalischen Schriftzeichen stapeln Männer Reissäcke, in der Marktstraße Evripídou hängen büschelweise Kräuter über Ladeneingängen. Aber auf einmal steht man vor Cafés im hippen Eighties-Design, die aussehen, als seien sie aus Berlin-Mitte herübergebeamt worden. Szenopolis trifft auf Einwanderer aus Indien, Albanien und China – so etwas lieben Künstler und andere Kreative. Zum Beispiel Christoforos Kotentos, der in einer Fabriketage im dritten Stock eines unscheinbaren Betonbaus Paillettenfummel im „Sex-and-the-City“-Stil kreiert. Der blondierte Hüfthosenträger wirkt ein bisschen wie ein Kind, das in einem Abbruchhaus spielt, aber aus dem Spiel wird allmählich Ernst: Erst neulich hat die Hollywood-Schauspielerin Cameron Diaz eine seiner Kreationen in Monte Carlo gekauft. „Psirrí ist toll“, sagt er, „wie Les Halles in Paris oder SoHo in Manhattan“ –

Szeneviertel mit dem Charme des Unfertigen

nur dass das Viertel noch den Charme des Unfertigen hat, den seine gestylten Vorbilder längst verloren haben.

Wie etwa in der Agíon Anargyron: „Stigma Art Gallery, 3rd Floor" steht direkt unter dem Firmenschild einer Unterwäsche-Näherei. Wer sich dem altersschwachen Lift anvertraut, landet in einem Raum mit Waschbetonboden und einer Leinwand, auf der ein Kunstvideo läuft. Ein Frauenmund sagt abwechselnd „I hate you – I adore you" und schüttet löffelweise Zucker in sich hinein, der Künstler Filippos Tsitsopoulos – lange Haare, Nickelbrille – steht daneben und erzählt etwas über die übersüßte moderne Gesellschaft. Dazu kommt von irgendwo eine Schnulze aus dem Radio. Ein Sänger stimmt einen orientalischen Klagegesang auf sein kaltes Bett und die ferne Geliebte an. Kein Wunder, dass Schriftsteller in dieser Stadt auf skurrile Gedanken kommen.

Psirrí und das angrenzende Viertel Gázi (benannt nach den ehemaligen Gaswerken, die heute ein Kulturzentrum beherbergen) sind auch abends die lebendigsten Ecken Athens. „Wenn es dunkel wird in dieser Stadt", sagt Ersi Sotiropoulos, „dann verwandle ich mich. Dann werde ich erst richtig lebendig." Manchmal startet sie die Nacht in Gázis In-Restaurant „Mamácas", das mit seinen weiß gekalkten Wänden und Windlichtern aussieht wie die Indoor-Ausgabe einer Kykladeninsel. Manchmal zieht es sie ins „Kouzina Cine Psirrí", ein Lokal mit Freilichtkino. Unter Glühbirnengirlanden, zwischen denen Segelschiffe aus Segeltuch schwimmen, speist man Pasta mit Kirschtomaten und trinkt „Amethystos"-Weißwein. Dabei fällt der Schriftstellerin noch ein Pluspunkt für Athen ein: „Im Ausland sehe ich häufig Paare, die sich beim Essen stundenlang anschweigen. Das würde hier niemals passieren – wenn zwei sich nicht mehr lieben, schreien sie sich wenigstens noch an!" Aber ob Liebe oder nicht, schreien muss hier eigentlich jeder – die Musik wird gern bis zur Schmerzgrenze aufgedreht.

Nachts um drei hat sich Psirrí in eine Straßenparty verwandelt. Autos schieben sich so langsam durch die Straßen, dass die Cliquen, die hier von Club zu Club flanieren, ihre Gläser auf den Wagendächern abstellen könnten. Ersi Sotiropoulos ist um diese Zeit längst irgendwo in den Untiefen der Stadt abgetaucht, immer auf der Suche nach neuen Geschichten. Vielleicht in einer der Bars in der Lembéssi-Straße, wo auffallend schöne Frauen mit auffallend tiefen Stimmen demonstrieren, dass es die Griechen waren, die die Liebe unter Männern salonfähig machten.

Der Party-Marathon von Psirrí endet oft erst im Morgengrauen mit einer Tasse Suppe im zentralen Fleischmarkt in der Athinás-Straße. Drinnen schleppen Schlachter Schweinehälften durch die Gänge, draußen thront die beleuchtete Akropolis wie ein gigantisches Ufo über den Dächern. Und auf der Straße singt der Punk mit pinkfarbenem Irokesenschnitt so hingebungsvoll „Ti amo", als hätte es Punkrock nie gegeben. Eine Liebeserklärung. Und wahrscheinlich meint er keine Frau damit, sondern eine ganze Stadt. □

Verena Carl *lebt als freie Journalistin und Buchautorin in Hamburg.*
Georg Knoll, *Fotograf, genoss besonders den Wechsel zwischen Ruhe und Exotik in der Pláka und Psirrí.*

Ersi Sotiropoulos, 51, Schriftstellerin, lebt und arbeitet in Athen

MERIAN | TIPP Pláka • Psirrí • Gázi

Hotel

(K 5) Acropolis House
Idyllisch gelegene Pension, freundliches Personal. Einige Zimmer bieten Blick auf die Akropolis.
Kódrou 6-8 (Pláka), Tel. (210) 322 23 44, DZ ab 50 €

Cafés und Bars

(H/I 4) Café Avissinia
Gut zum Kaffeetrinken und für *mezedes*, gemischte Vorspeisen.
Avissinias 7 (Pláka)
Tel. (210) 321 70 47

(I 3) Guru Bar
Bar mit Sofas und Thai-Food.
Theatrou 10 (Psirrí)
Tel. (210) 324 65 30
www.bargurubar.gr

Restaurants

(I 5) O Plátanos
Schöne, ruhige Lage, leckere Vorspeisen.
Diogenous 4 (Pláka)
Tel. (210) 322 06 66

(F 4) Mamácas
Inselfeeling, klassische und moderne griechische Küche.
Persefonis 41 (Gázi)
Tel. (210) 346 49 84
www.mamacas.gr

(H 4) Kouzina Cine Psirrí
Mediterrane Küche. Dachgarten mit Freilichtkino (englischsprachige Filme in Originalfassung).
Sarri 44 (Psirrí)
Tel. (210) 321 55 34
www.kouzina-cinepsirri.gr

Kultur

(H/I 4 Stigma Art Gallery
Video- und andere moderne Kunst.
Agion Anargyron 20-22 (Psirrí) Tel. (210) 322 16 75
Di-Fr 17-22, Sa 12-16 Uhr und auf Anfrage

(K 4) Kleine Mitrópolis
Mitropóleos (Pláka), direkt neben der modernen orthodoxen Kathedrale. Unregelmäßig geöffnet.

(G 4) Technopolis Centre
Auf dem Gelände der früheren Gaswerke finden Ausstellungen, Konzerte und Lesungen statt.
Pireos 100 (Gázi)
Tel. (210) 346 09 81

>> weitere Tipps im Service-Teil ab Seite 108

Die Metro

Eine griechische Komödie

Text: Inka Schmeling

Unterirdische Stadtgeschichte: Auf der Galerie der Station Syntagma bestaunen Passagiere einen 50 Meter langen Querschnitt durch Athens mit archäologischen Relikten gespickte Erde

Foto: Yannis Kontos

Die neue Athener U-Bahn ist ebenso nützlich wie architektonisch beeindruckend. Besonders reizvoll: der Kontrast zwischen der modernen Gestaltung und den bei Bauarbeiten entdeckten antiken Fundstücken, die in den Stationen ausgestellt sind. Eine Symbiose, die einen schweren, teuren und langen Weg hinter sich hat

Erster Akt, Szene 1. Athen, 1953:

Ein alternder Politiker, die Hemdsärmel hoch gekrempelt, steht auf der Straße und hackt auf den Asphalt ein. Eigenhändig fummelt er Gleisstücke der Straßenbahn heraus, grinst in die Kameras, redet von Modernität und Auto-Zeitalter.

Konstantin Karamanlis, Onkel des heutigen Regierungschefs, damals Minister für öffentliche Bauten, machte den Anfang – sieben Jahre später fuhr keine Straßenbahn mehr im Zentrum. Athen sollte modern sein, urban, eine Stadt der Autos. Das wurde sie: 1961 rumpelten 39000 Autos, durch die Stadt, heute sind es 1,4 Millionen. Ende der 90er-Jahre fuhren die Busse im Schnitt gerade mal zwölf Stundenkilometer, heute gilt die Schadstoffbelastung hier als höchste in Europa.

Szene 2. Athen, 80er Jahre:

Ein anderer alternder Politiker starrt zerknirscht auf die neuesten Untersuchungen zu Umwelt und Verkehr.

Das Auto-Zeitalter war plötzlich nicht mehr modern, sondern stinkig und langsam. Also hatte ein kluger Kopf die Idee: Jetzt dürfen die Autos nur noch alle zwei Tage fahren – am einen Tag die mit gerader Endziffer auf dem Nummernschild, am nächsten die mit ungerader. Die Athener waren ähnlich klug und fuhren nun zwei Autos oder besorgten sich zwei Nummernschilder – eins mit gerader, eins mit ungerader Endziffer.

Szene 3. Athen, 1991:

Viele alternde Politiker und Wirtschaftsbosse grinsen in die Kameras, reden von Modernität und U-Bahn-Zeitalter. Die Lösung war gefunden, eine Gruppe von 22 deutschen, französischen und griechischen Firmen bekam den Zuschlag für die Erweiterung des Metro-Netzes. Zwei Milliarden Euro wird der Bau kosten; eine Hälfte kommt von der Europäischen Union, die andere vom griechischen Staat.

Zweiter Akt,

Szene 1. Der Syntagma-Platz, 90er Jahre:

Überall aufgerissener Asphalt, das Dröhnen von Presslufthämmern. Eine Gruppe verstaubter Bauarbeiter blickt genervt auf den Tross Archäologen mit ihren niedlichen Pinselchen und Schäufelchen.

Vier Meter pro Stunde hatten die Maschinen „Jason“ und „Persephone“ beim Bau des Eurotunnels unter dem Ärmelkanal gebohrt. Durch die prall gefüllte Athener Erde schafften sie gerade mal 44 Zentimeter, hier schlummern mehr als zwei Jahrtausende Altertum. Da wurde nicht holterdipolter drauflosgewühlt. Nein, da lauerten 50 Archäologen und 200 Hilfsarbeiter, die bei jeder gefundenen Scherbe den Betrieb stoppten. „Archäologen sind Fundamentalisten“, wetterte der Generaldirektor der U-Bahn-Firma „Attiko Metro“. Zwei Jahre und 70 Millionen Euro zusätzlich soll deren Pingeligkeit gekostet haben. „Man muss beides achten, die Vergangenheit und

Station Akropoli: Marmorkopien von antiken Statuen bilden einen interessanten Gegenpol zum modernen Ambiente des Bahnhofs

Station Syntagma: Die Gebeine hinter der Glasscheibe sind rund 2400 Jahre alt und wurden bei den Bauarbeiten entdeckt

die Gegenwart", sagt Hermann Kienast, Wissenschaftlicher Direktor vom Deutschen Archäologischen Institut in Athen. So wurde der U-Bahn-Bau zur größten Grabung, die es je in Athen gab: Auf 69 000 Quadratmetern wurden rund 32 000 antike Vasen, Skulpturen oder Haushaltsutensilien geborgen.

Szene 2. Der Kerameikós-Friedhof, 1995:

Eine Wiese, schattige Bäume am Rand, Vogelgezwitscher. Dazwischen Überbleibsel von Säulen, Grabsteinen und den Stadttoren des antiken Athen, des Dipylon und des Heiligen Tores.

Unter dem letzten offenen Friedhof des Altertums sollte die Metro-Linie 3 durchbrettern, die Station war schon fast fertig. „Unmöglich", protestierten Archäologenverbände. Keine fünf Meter würden die U-Bahn von den Gebeinen trennen, die zum Teil tief in der Erde liegen. Zwei Jahre währte der Streit. Im Dezember 1997 verordnete die griechische Regierung den Baustopp; heute endet die Linie 3 bereits in Monastiraki.

Szene 3. Ein etwas schiefer Zeitungskiosk hinter der Nationalbibliothek, 1997:

Pächter Stathis Trapezalidis und ein Reporter des Privatkanals *Skai-TV*. Reporter: „Herr Trapezalidis, Ihr Kiosk hat seit kurzem Schlagseite. Wie erklären ..." Ein lautes Krachen. Der Kiosk versinkt im Boden. Pächter, Reporter und Passanten starren in einen fünf Meter tiefen Krater.

Kompliziert ist die Athener Erde. Von Wasserläufen, Hohlräumen, antiken Kanälen und Brunnenschächten durchzogen, sackte sie beim U-Bahn-Bau immer wieder ein. Südöstlich der Akropolis brach plötzlich in einem Teststollen der Boden eines antiken Brunnens – mehr als 130 Amphoren, Krüge und Skulpturen purzelten den Bauarbeitern entgegen.

Dritter Akt, Szene 1. Athen, Januar 2000:

Wieder grinsen alternde Politiker in die Kameras, diesmal Staatspräsident Konstantinos Stefanopoulos und Ministerpräsident Konstantin Simitis. Geschafft. Mehr als acht Jahre nach Baubeginn werden die Metro-Linien 2 und 3 eröffnet.

Szene 2. U-Bahn-Station Syntagma, 2004:

Ein glänzender Palast aus griechischem Marmor und italienischem Granit. Kein Graffiti, keine weggeworfenen Zigarettenstummel. Aus den Lautsprechern klimpert klassische Musik. Neben der Rolltreppe drängen sich Touristen und Athener vor einer gigantischen Glasscheibe.

50 Meter lang und sechs Meter hoch ist dahinter der Schnitt durch die Erdschichten der vergangenen 2500 Jahre. Hier Teile eines Aquädukts aus dem 5., dort ein Skelett aus dem 4. Jahrhundert vor Christus; darüber Zisternen aus türkischer Besatzungszeit. Auch andere Stationen stellen zur Schau, was bei ihrem Bau so alles gefunden wurde. Doch die Metro ist nicht nur hübsch. Sie riecht gut (dank der ausgedehnten Belüftungsanlage), ist leise (nahe bei Denkmälern sind die Gleise mit schall- und rütteldämpfendem Kunststoff überzogen) und sie ist flott (im Schnitt doppelt so schnell wie andere Verkehrsmittel). Sie hat 250000 Autos aus der Stadt vertrieben, die Abgase um 35 Prozent reduziert. Sie befördert täglich mehr als eine halbe Million Menschen, die beste U-Bahn Europas.

Fortsetzung folgt:

Der nächste Akt ist bereits geplant: Bis Ende 2010 sollen 16 Stationen und 20 Kilometer Gleise dazu kommen. Bauarbeiter und Archäologen stehen in den Startlöchern. □

Inka Schmeling, *freie Journalistin, lebt in Hamburg und fährt gerne mit der U-Bahn.*

Historische Szenen in der fortschrittlichsten U-Bahn Europas: Riesige Wandbilder und Original-Exponate sorgen am Bahnhof Syntagma für Museumsatmosphäre

MERIAN | TIPP

Die schönsten U-Bahnhöfe

Syntagma: Ein gigantischer Schnitt durch die Erdschichten mit Blick auf ein Skelett, das Flussbett des Iridanos und Überreste von Straßen, Werkstätten, Zisternen. Außerdem: Vitrinen mit dem Fragment eines Mosaikbodens, einer antiken Spardose, Grabsteinen und vielem mehr.

Akropoli: In der Haupthalle eine Sammlung von Alltagsgegenständen sowie Marmorkopien von Parthenon-Skulpturen; auf dem Weg zu den Gleisen der Querschnitt einer Straße aus dem 4. Jahrhundert v. Chr.; auf dem Bahnsteig hängt eine Kopie des berühmten Parthenon-Fries.

Monastiraki: Nach der derzeitigen Renovierung sind dort die freigelegten Fundamente der antiken Stadt ausgestellt.

Evangelismos: Eine antike Töpferwerkstatt sowie ein Schnitt durchs Erdreich, in dem die Rohre eines Aquädukts aus dem 6. Jahrhundert vor Christus verborgen waren.

Panepistimio: Mehrere Glasvitrinen mit antiken Haushaltsgeräten wie Tellern, Kochtöpfen und Öllampen.

>> Metro-Plan auf der herausnehmbaren Faltkarte (S. 3)

HEUER & SACHSE

Wenn spät nachts im Athener Club Hárama die Rembetiko-Musiker aufspielen, bleibt das Publikum nicht lange sitzen

Der Blues der Bouzoukis

In einigen Athener Clubs wird er noch gespielt, der echte alte Rembetiko. Einst Musik der Arbeiter und Unterdrückten, finden die inbrünstigen Lieder heute neue Zuhörer – und verzaubern die Herzen noch immer

Text: Marc Bielefeld, Fotos: Samuel Zuder

Nachtschicht: Ein Bouzouki-Spieler aus Maryó Konstadinidous Band vor dem Club Hárama

Backstage: Maryó, die große Dame des Rembetiko, freut sich in ihrem Schminkzimmer hinter der Bühne über eine Puppe, die ihr ein Verehrer geschenkt hat

Der Rembetiko lebt von Liebe und Melancholie

Maryó Konstadinidou wird heute 54 Jahre alt, sitzt in ihrem Schminkzimmer hinter der Bühne und packt ein Geschenk aus. Es ist eine Porzellanpuppe für ihre Sammlung und diese ist besonders schön. Ein schwarzes Mädchen mit negroiden Lippen und sehr traurigem Blick. „Ich mag die schwarzen Puppen", sagt Maryó. „Sie erinnern mich an ein Volk, das ebenfalls gelitten hat. Und sie erinnern mich an die Gräuel des Rassismus." Maryó kann einen stechend ernsten Blick aufsetzen, trägt ein kirschrotes Kostüm und ihre Stimme ist rau vom Asthma. Und vom Rauchen. Ohne eine hektisch wackelnde Peter Stuyvesant zwischen den Fingern ist sie selten zu sehen. Auf dem Schminktisch stehen Bügeleisen, Haarspray, Parfüm, an der Wand hängt eine versilberte Madonna. Es ist elf Uhr abends. Gleich wird Maryó auf die Bühne des kleinen Club Hárama treten, wird tosenden Beifall bekommen, und dann wird sie singen.

Ein Zimmer weiter übt Dimitros Livanos und sagt: „Du musst sie spielen wie Django Reinhardt seine Gitarre mit gelähmten Fingern gespielt hat. Sie müssen horizontal über das Griffbrett laufen, sonst kriegst du diesen Klang nicht aus ihr raus." Auf seinem rechten Schenkel ruht eine Varlas-Bouzouki. Varlas baut die besten ganz Griechenlands. Die Bouzouki ist rund wie eine halbierte Melone, hat vier Doppelsaiten, einen dünnen, langen Hals, mit Intarsien versehen, Pflanzen und Verzierungen aus Perlmutt. Neben Livanos sitzt Alekos Vaxanakis mit einem großen Akkordeon, daneben Sotiris Margonis mit seiner Violine. Die anderen Musiker laufen durch die Gänge, rauchen, trinken Wasser. Der Bassist und der Pianist sind schon draußen und spielen. Es ist kurz vor zwölf. Keine Band, die noch den echten alten Rembetiko macht, würde eher auf die Bühne gehen. Erst die Stunden nach Mitternacht bringen die nötige Schwermut. Alles davor wäre platt, profan.

François Mitterrand sagte einmal, dass Frankreich Edith Piaf habe, Amerika Bessie Smith und Griechenland Maryó. Das Publikum im kerzendunklen Saal sitzt an gedeckten Tischen vor Lamm, Rotwein und Whisky, als Maryó auf die Bühne kommt. Und dann spielen sie. Zehn Männer und drei Frauen. Die Klänge sind fremd. Nichts für die heutigen Charts. Die Musiker um Maryó beschwören den Orient herbei, zupfen den Völkermischmasch Europas, Asiens und Arabiens in den Raum. Einen Hauch Mittelalter hört man heraus und dazu das Erbe der seefahrenden Völker des Mittelmeers. Es geht um Liebe, Sehnsucht und Trauer, alles in einem, jammernd wie der portugiesische Fado und inbrünstig wie ein Ölschinken, die Finger von Dimitros Livanos laufen nicht, sie jagen über seine Bouzouki.

Im zweiten Stück des Abends schickt Maryó einen untreuen Liebhaber zur Hölle. „Komm mir nie wieder unter die Augen, scher dich fort zum Hafen!" Es ist ein Neunachtel-Takt, er stampft und ist wütend, in schwerstem Moll. Noch sitzt das Publikum. Dann wird Maryós Stimme bleischwer. „Meine Seele ist so trüb wie ein verregneter Sonntag." Die nächsten Zeilen kommen plötzlich in einem hohen, scharfen Ton, als verliefen ihre Stimmbänder über Rasierklingen. Dabei beugt sie sich vornüber und nie hört sie auf, beim Singen ihre Komboloi durch die Finger laufen zu lassen. Die Griechen lieben die Gebetsketten der Moslems. Eine Sitte, die aus osmanischer Zeit geblieben ist. Das Publikum sitzt nun nicht mehr. Ein alter Herr ist aufgestanden. Allein und in sich gekehrt, mit weit ausgebreiteten Armen und schnippenden Fingern, tanzt er neben seinem Tisch. Langsam und extrem verhaltenen Schrittes, als ob er ein inneres Biest bändigen müsse. Seine Augen sind todernst. Er blickt auf seine Füße.

Bei Maryós Auftritten kommen die Griechen aus sich heraus: Der Tanz beim Rembetiko ist ernst und emotional, der Tänzer wird vom Publikum ebenso frenetisch gefeiert wie die Musiker

Diese **Musik** ist das soziale **Gedächtnis** der Griechen

Das Hárama brodelt jetzt. Die Kellner tragen immer neue Flaschen zu den Tischen, weil die Griechen viel trinken, wenn es um die alten Zeiten geht. Vor der Bühne, dort wo sich schon Zentimeter vor Maryós zitternden Lippen Ex-Premier Papandreou drehte, tanzen sie den Hasaposervikos. Junge und Alte gemeinsam und sie springen ihn im Kreis, die Arme im Schulterschluss ineinander geflochten. Und sie blicken hinunter auf ihre Füße. Es wird spät. Ein, zwei Uhr nachts, aber erst um halb drei in der Früh erklingt das traurigste aller Stücke. Maryó widmet es ihrem Vater. Es handelt vom Geruch der Erinnerung. Von früher, als sie durch die mazedonischen Dörfer zogen, mit Blick auf die schneebedeckten Berge Albaniens. Das Stück spielt jenseits der Macht der Worte. Die Musik erzählt jetzt Geschichten, auf ihre Art. Geschichten vom Krieg, von der Sehnsucht und vom Tod. Dies ist kein touristisches Alexis-Sorbas-Gedudel. Dies ist der griechische Blues.

Der Rembetiko entstand Anfang des 20. Jahrhunderts. Er entstand, als sich die Arbeiter, die Unterdrückten und die Flüchtlinge die Seele aus dem Leib spielen mussten. Die Musik wurde zum Sprachrohr der Rebellen, der *rebetis*. Es waren Outlaws, Kämpfer und Freiheitsliebende und wie die Menschen konnte ihre Musik schimpfen, weinen und vor Sehnsucht bersten. Sie wurde sehr schlicht gespielt, notfalls nur von einem Gitarristen, einem Sänger und einem Baglama-Spieler, der seine eigens konstruierte Miniatur-Bouzouki unter dem Mantel verschwinden lassen konnte, sobald eine Razzia drohte.

Es waren harte Zeiten. Die Wirren eines fast vergessenen Holocausts. Drei Millionen Menschen waren auf der Flucht, als die Türken 1922 orthodoxe Griechen, armenische Christen und Juden aus ihrem Land jagten. Es wurde gemordet und geschlachtet, und Smyrna, das heutige Izmir, stand in Flammen, dass man den Rauch über dem ganzen östlichen Mittelmeer sehen konnte. Die Musik erzählt noch heute von diesem Grauen. Er sitzt tief, der Verlust Kleinasiens. Und der Rembetiko, diese wehmütigen Klänge, die sich manchmal wie Bierschunkelmucke anhören und manchmal wie tiefblauer Tango, sie sind das soziale Gedächtnis der Griechen. Die Geschichte eines Volkes in Noten, Versen und der Kunst des Spielens.

20 Gruppen gibt es heute noch, die ihn am Leben erhalten und ihn immer wieder neu erfinden, den wahren Rembetiko. Sie treten in ein paar kleinen Clubs auf, verstreut in den Vierteln Athens, nachts, wenn die Straßenlaternen das fade, gelbgrüne Licht aufs Pflaster werfen. Und sie spielen täglich, Nachtschicht. „Es ist unsere Arbeit", sagt Maryó während einer der kurzen Pausen, in denen sie in ihrem Schminkkabuff sitzt und zur Beruhigung häkelt. Und raucht.

Seit sie 13 Jahre alt ist, singt sie. „Und ich werde singen, so lange Gott mich lässt." Maryó sieht es als ihren Auftrag, die authentische Musik Griechenlands der Welt näher zu bringen. „Der Rembetiko soll bekannt sein wie Spaniens Flamenco, wie Brasiliens Samba." Sie hat die Beine übereinandergeschlagen und wieder ihren ernsten Blick aufgesetzt. In Finnland, Belgien, Deutschland, selbst in Russland war sie mit ihrer Band schon auf Tour. Bis hoch in den Kaukasus und den Ural. 20 000 Kilometer im Bus und das Energiebündel Maryó Konstadinidou hat die gesamte Truppe auf Trab gehalten. Die Mühe lohnt. Selbst die *New York Times* hat sie während einer USA-Tournee gepriesen, als „eine der führenden traditionellen Vokalistinnen Griechenlands".

Doch reich werden selbst die bekanntesten Rembetiko-Stars nicht. Neun CDs hat Maryó herausgebracht, 15 000 verkaufte Exemplare pro Album, plus die täglichen Auftritte. Davon kann die „Grande Dame from Greece", wie sie genannt wird, gerade leben,

in einer kleinen Athener Zweizimmerwohnung, vor deren Balkon Wäsche flattert, in der Puppen auf den Tischchen stehen und ein Bild an der Wand hängt von einem Segelboot und einem schwarzen Mädchen.

Es ist kurz nach drei. Dunkelhaarige Schönheiten in geschlitzten Kleidern winden sich im Hárama. Alte, faltige, elegante Frauen tanzen den Rembetiko, langsam und würdevoll, die Arme wie zwei Schwanenhälse erhoben. Und sie blicken auf ihre Füße. Weil sie bei der Musik in sich hineinfühlen, weit weg, in ein anderes Reich.

Julia Tsirou, eine der Sängerinnen der Band, legt eine Pause ein und isst hinter den Kulissen ein Krabben-Sandwich. Sie ist Mutter einer Tochter, trägt Netzstrümpfe und blutroten Lippenstift. „Die Leute entdecken den Rembetiko wieder, auch die jungen", sagt sie. „Es ist komisch, aber in den Zeiten der Globalisierung wächst der Wunsch nach Nostalgie."

Julia lebt von ihrer Musik. Sie kennt die Szene, die Clubs. Das „Taximi", wo Bilder der alten Bouzouki-Asse aus den Zwanzigerjahren an den Wänden hängen. Das kleine „Stoa Ton Athanaton", das, eine Stiege hoch, über dem Fleischmarkt an der Monastiráki liegt. Wenn die Stände mit den gehäuteten Stierköpfen und den Ziegenschenkeln längst geschlossen haben, sitzen in der kleinen Bar einige der letzten Violonisten und Gitarristen des Rembetiko. Und zaubern bis tief in die Nacht.

Es ist fast vier Uhr morgens. Maryó geht ein letztes Mal an diesem Abend auf die Bühne. Sie singt vom Meer. Von der blauen See, von den jungen Matrosen und dem bittersüßen Schmerz der Ozeane, den die flüchtenden Völker einst verspürten. Und wieder haucht sie diese Geschichten in die Luft, von der Liebe, der Melancholie und der Hoffnung, schwer wie triefender Schmalz. Das Hárama hat geöffnet, bis die Griechen nicht mehr tanzen. Erst um fünf Uhr morgens packen die Musiker ihre Instrumente in die Koffer und gehen nach Hause. Denn Hárama bedeutet Sonnenaufgang. Es ist die Zeit, um ins Bett zu gehen. □

Marc Bielefeld, *Jahrgang 1966, lebt als freier Journalist in Hamburg und spielt Gitarre – seit seinen Recherchen in Athen nun auch Bouzouki.*
Samuel Zuder, *Jahrgang 1965, lebt in Hamburg und fotografierte für dieses Heft auch den Stadtteil Anafiotika.*

MERIAN | INFO Rembetiko

Nur in wenigen Athener Clubs wird der echte, reine Rembetiko noch live gespielt. Wer die Musik hören und den Tanz erleben will, muss sich auf einen späten Abend einstellen, die Hauptbands beginnen meist erst gegen Mitternacht und spielen bis in die frühen Morgenstunden. Zum Teil sind die Vorstellungen mit einem Abendmenü verbunden. Man sitzt an fein gedeckten Tischen und diniert, erst später wird getanzt. In diesen meist sehr gut besuchten Clubs sollte man rechtzeitig Karten vorbestellen.

Club Hárama
Nobler und gemütlicher Nachtclub mit sehr gutem Essen und populären Bands.
(H7) Skopeftirio Kessariani
Tel. 210-766 48 69
Eintritt: 15 €, Menü: 40-55 €

Stoa Ton Athanaton
Urige Weinbar und Restaurant mit Bühne und Rembetiko-Songs vom späten Nachmittag bis in die frühen Morgenstunden.
(I/K3) Sofokleous Str. 19 und Stoa Athanton
Tel. 210-321 43 62
Eintritt frei

Das kleine Stoa Ton Athanaton gehört zu den besten Rembetiko-Clubs der Stadt. Der Eintritt ist hier frei

Kostas Papalazarou ist der Chef des Club Hárama, Athens erster Adresse in Sachen Rembetiko

Taverne Bairactaris
Großes, rustikales Restaurant mit deftiger griechischer Küche. Täglich spielen Trios (Gitarre, Bouzouki, Gesang), meist sehr guten Rembetiko.
Ab mittags geöffnet
(I4) 2 Monastiráki Platz
Tel. 210-321 30 36
Eintritt frei

Taximi
Bekanntes, kleines Rembetiko-Lokal mit einfacher Küche und Bar. Täglich Live-Musik ab Mitternacht.
(F3) Xarilaou Trikoupi Str. und (M2) Isavron Str. 29
Tel. 210-363 99 19, Eintritt frei

Rembetiko-CD-Tipps
Maryó, „The Grande Dame from Greece"; Musurgia G (bei Choice Music), 17,99 €

Maryó, „Laledakia", Lyra (bei Choice Music), 17,99 €

Century of Rembetiko Song 1+2 (Box mit jeweils vier CDs), FM Records (bei Just Records), je Set 57,99 €

>> weitere Clubs im Service-Teil auf Seite 126

HEUER & SACHSE

Er war eitel, selbstherrlich und rücksichtlos. Aber er hatte eine Passion. Heinrich Schliemann, Autodidakt und Selfmademan mit immensem Vermögen, tat alles, um die Stätten und den Reichtum der Antike ans Licht zu holen. Er entdeckte die Gräber von Mykene und schenkte den Griechen damit 1000 Jahre Geschichte. Das Archäologische Nationalmuseum setzte ihm dafür ein Denkmal – und zeigt die goldenen Relikte einer lange verloren geglaubten Kultur

Text: Dr. Reinhard Witte

DIE SCHÄTZE DES

Der Bronzedolch, mit Einlegearbeiten aus Gold, Silber und Niello, die eine Löwenjagd zeigen, ist einer von Schliemanns wertvollsten Mykenefunden

Erst hebt

HEINRICH SCH.

er den „Schatz des Priamos“ im alten Troja, dann

wendet sich Heinrich Schliemann den Gegnern der Trojaner, den Griechen zu. In der heutigen Nordwestecke der Türkei, wo der Autodidakt am 31. Mai 1873 auf dem Hügel Hissarlik den Goldschatz von Troja fand, hatte Schliemann noch nach einem Ort gesucht, der nur bei Homer und nachfolgenden antiken Autoren erwähnt, sonst aber vom Erdboden verschwunden war. Das griechische Mykene dagegen musste niemand suchen, waren doch seine kyklopischen Mauern und das Löwentor die Jahrtausende hindurch sichtbar. Schliemann ging nach Mykene, um die Gräber berühmter Achäer (Griechen), allen voran das Grab Agamemnons aufzuspüren. Dabei half dem noch streng Homergläubigen der antike Reiseschriftsteller Pausanias, der im 2. Jh. n. Chr. die Lage der Gräber beschrieben hatte.

Bereits 1868, vor seiner Expedition ins Osmanische Reich, hatte Schliemann daran gedacht, in Mykene zu graben. Zwei Jahre später bekam er von den griechischen Behörden die Erlaubnis dazu. Doch wegen Unsicherheiten im

Das Stierkopf-Rhyton, ein Opfergefäß, wird auf 1500 v. Chr. datiert

Kostbar: Dieses dreiteilige Heiligtum aus Gold stammt aus Schachtgrab IV

Spektakulär: Mit dem Fund der so genannten Goldmaske des Agamemnon in Grab V gelang Schliemann eine archäologische Sensation

Symmetrisch: Zwei lange, über den Gefäßrand reichende Henkel charakterisieren das Trinkgefäß Kantharos. Gefunden als Grabbeigabe im Schachtgrab IV

Geheimnisvoll: Im Gräberrund A stießen die Archäologen auf die goldene Göttin mit drei Vögeln

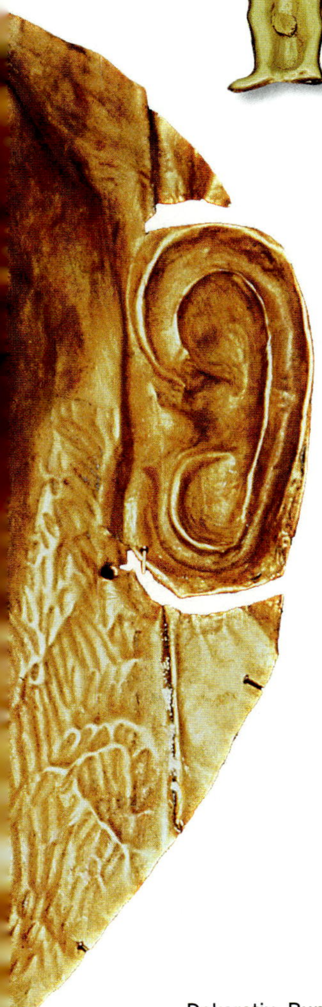

Dekorativ: Rund 3500 Jahre alt ist dieses filigran gearbeitete, blütenförmige Schmuckstück aus dem Schachtgrab III

Lande wurden die Ausgrabungen abgesagt, und Schliemann begann seine Expeditionen in Hissarlik (1870/71 bis 1873). In Olympia wollte er anschließend graben, doch erhielt nicht er, sondern das Deutsche Reich die Erlaubnis für dieses Prestigeobjekt. Die Arbeiten in Olympia (1875 bis 1881) unter der Leitung von Ernst Curtius und Friedrich Adler sowie unter führender Mitwirkung des jungen Architekten Wilhelm Dörpfeld sollten fortan als vorbildlich für archäologische Ausgrabungen gelten.

Schliemann war sehr verärgert, nicht selbst den Zuschlag bekommen zu haben. In einem Brief vom 19. Juli 1873 an den mecklenburgischen Archäologen und Freund Friedrich Schlie schreibt er: „Ich hatte die Absicht meine gr(oße) Sammlung trojanischer Alterthümer womit ich jetzt (mehrere) Säle füllen könnte, auch den Schatz u(nd) den in Troja gefundenen Triglyphenblock als Waffe gegen das griechische Gouvernement zu brauchen um die Erlaubniß zu haben Olympia und Mykenai auszugraben. Ich versprach Alles bis jetzt gefundene u(nd) Alles was ich in jenen 2 Orten finden würde der gr(iechischen) Nation zu vermachen auch ein Museum zu bauen für nicht weniger als 200/m (= 200 000) Franken. Mein Vorschlag wurde im Parlament mit Jubel einstimmig angenommen, aber das Ministerium ist gegen mich, auch erzeugen meine Erfolge hier bei der archaeol(ogischen) Gesellschaft furchtbaren Neid so daß Olympia jedenfalls an die preuß(ische) Regierung, die darum ebenfalls eingekommen ist zum Ausgraben überlassen wird. Man will mir nur Mykene geben u(nd) dafür gebe ich die Kunstschätze nicht her, fühle mich auch gekränkt u(nd) will hier gar nicht graben."

Heinrich Schliemann verharrte zum Glück nicht in seinem Trotz. Schon im Februar 1874 führte er auf der Burg des Agamemnon eine – allerdings unerlaubte – Versuchsgrabung durch, die am 2. März von den griechischen Behörden unterbunden wurde. Die zweite – diesmal genehmigte – Grabung Schliemanns in Mykene fand schließlich von Anfang August bis Anfang Dezember 1876 statt – auf Schliemanns Kosten und unter Mitwirkung der Griechischen Archäologischen Gesellschaft. Die von Pausanias überlieferte Passage über die Lage der Gräber übersetzte er im Gegensatz zu anderen Forschern so, dass er innerhalb und nicht außerhalb der Burgmauern nach ihnen suchte und sehr bald auf den Schachtgräberbezirk A, unweit des Löwentores gelegen, stieß.

Fünf Schachtgräber aus dem 16. Jahrhundert v. Chr. legte Schliemann frei. Sie bargen die (königlichen) Überreste von 17 Toten und eine unglaubliche Fülle an wertvollen Grabbeigaben – allein die Goldfunde haben zusammen ein Gewicht von 15 Kilogramm. Die Gräber der homerischen Helden waren es natürlich nicht, denn diese hätten ja erst um 1200 v. Chr. zu Grabe getragen werden können. Dennoch hatte Schliemann mit seiner selbstbewussten Bemerkung recht: „Ich glaube, dass

MERIAN | INFO

Archäologisches Nationalmuseum

Das Haus, das als wichtigstes Museum Griechenlands gilt, wurde 1889 erstmals eröffnet und Anfang 2004 aufwändig renoviert. Ausgestellt sind Funde aus dem prähistorischen und antiken Griechenland bis zu den letzten Jahren der römischen Zeit. Dauerhaft zu sehen sind unter anderem prähistorische Objekte, Skulpturen aus der Antike, Töpfereien und Tonwaren, Bronzestatuen und ägäische Kunstwerke. Zu den wichtigsten Exponaten gehören neben dem von Schliemann in Mykene gefundenen Goldschatz der „Jüngling von Antikythera" und die Dipylon-Amphore.

Patission 44, Tel. (210) 821 77 17, 821 77 24; *Sommer: Di-Do 8.30-15, Fr-So 8-19 Uhr; Winter: Mo 10.30 bis 17, Di-So 8.30-15 Uhr; 15. Juli bis 15. Sept. 2004 ist das Museum tägl. bis 22 Uhr geöffnet. Eintritt: 6 €, Studenten und Senioren 3 €, Kinder frei*

Weitere Museen im Info-Teil auf S. 116

Heinrich Schliemann, der „Vater der mykenischen Archäologie", die Aufnahme wird um das Jahr 1880 datiert. Das Foto links zeigt das Löwentor von Mykene. Links am Eingang stehend Wilhelm Dörpfeld, Mitarbeiter und Nachfolger Schliemanns. Ob die Dame mit dem weißen Hut tatsächlich Schliemanns Witwe Sophia ist, ist unter Experten strittig

MERIAN | INFO

Heinrich Schliemann

Am 6. Januar 1822 in Neubukow (Mecklenburg) als fünftes Kind des Predigers Ernst Schliemann und seiner Frau Luise geboren, wuchs Heinrich Schliemann in Ankershagen unweit der Müritz auf. Nach Schulzeit und Kaufmannslehre verschlägt es ihn, der nach Übersee auswandern wollte, in Folge eines Schiffbruchs nach Amsterdam. Dort arbeitet er für Handelshäuser, lernt wie besessen Fremdsprachen (rund **20 Sprachen beherrscht er** später), und geht 1846 nach St. Petersburg. Hier verdient er ein Vermögen mit dem Handel von Indigo, wird russischer Staatsbürger, geht dann nach Kalifornien, eröffnet in Sacramento eine Goldgräberbank und verdoppelt seinen Besitz. Wieder zurück in Russland, wird er durch Geschäfte während des Krimkriegs (1853-1856) noch reicher. Jetzt, im Alter von fast 40 Jahren, hinterfragt Schliemann sein bisheriges Leben und beginnt, sich mit Wissenschaft und Forschung zu beschäftigen. Er studiert an der Sorbonne in Paris, reist durch die Welt, liquidiert endgültig seine Geschäfte (nach heutigem Wert mindestens 50 Millionen Euro) und beginnt in der Türkei seine Suche nach Troja – gestützt auf die Schriften Homers. Der Fund des **„Schatzes des Priamos" 1873** ist eine der größten archäologischen Sensationen. Drei Jahre später landet Schliemann mit seinen Grabfunden in **Mykene** den nächsten Coup. Zeit seines Lebens und über seinen Tod (am 26.12.1890) hinaus blieb Schliemann – der Autodidakt und archäologische Quereinsteiger – in der Fachwelt umstritten. Unbestritten ist, dass Schliemann häufig irrte, etwa bei der Einordnung seiner Funde. Unstrittig ist aber auch: Schliemann hat die Spatenarchäologie als Wissenschaft neu begründet, nach ihm war nichts mehr wie vorher.

ich für die Archäologie eine neue Welt entdeckt habe." Diese neue Welt war die mykenische Kultur (16.-12. Jh. v. Chr.), die zweite Hochkultur auf europäischem Boden, nach der minoischen Kultur auf Kreta. Seit den Ausgrabungen von 1876 gibt es bei den Griechen ein Bonmot: „Schliemann hat uns 1000 Jahre Geschichte geschenkt!"

Durch die überaus erfolgreiche Mykenegrabung zeigte sich nämlich, dass schon lange vor dem klassischen Athen, vor Sparta, Theben, Korinth und anderen berühmten Poleis (Stadtstaaten) auf griechischem Boden eine hohe Zivilisation existierte. Griechische Geschichte begann nun nicht mehr 776 v. Chr., in dem Jahr, in dem zum ersten Mal die Olympiasieger aufgezeichnet wurden, sondern eben schon rund 1000 Jahre früher.

Mit Schliemanns Ausgrabungen in Mykene war der Grundstein zu einer neuen Wissenschaftsdisziplin gelegt. Schliemann wurde zum „Vater der mykenischen Archäologie". Die Ergebnisse seiner Arbeiten in der Burg des Agamemnon hielt er in einem Grabungstagebuch, in drei Fotoalben und in seinem 1878 erschienenem Werk „Mykenae. Bericht über meine Forschungen und Entdeckungen in Mykenae und Tiryns" fest.

Die Funde aus Mykene blieben – anders als jene aus der Türkei – im Lande und schmückten bald das Archäologische Nationalmuseum in Athen. Darunter sind prächtige Dolche aus Bronze mit Einlegearbeiten aus Edelmetall. Besonders beeindruckend sind die „Kriegervase", goldene und silberne Opfergefäße (Rhyta) in Form eines Löwinnen- oder Stierkopfes und die fünf Goldmasken, die auf Überresten männlicher Toter lagen.

Die bekannteste von ihnen, die „Agamemnon-Maske" musste sich hin und wieder eines Fälschungsverdachtes erwehren. Der Vorwurf entbehrt jeder Grundlage; schon zu Lebzeiten freilich musste Schliemann sich mit harscher Kritik an seinen Ausgrabungen auseinandersetzen.

Viele Gelehrte lachten über ihn, als er nach einem homerischen Troja suchte, wie es in der „Ilias" geschildert war. Auf seiner Suche nach den Gräbern der homerischen Helden war dies nicht anders. Die satirische Zeitschrift „Kladderadatsch" persiflierte 1876 seine Bemühungen in Mykene: „Herr Schliemann hat in Argos jetzt auch den Körper des Agamemnon aufgefunden. An demselben findet er besonders bemerkbar die 32 schönen Zähne, den runden Kopf und die großen Augen. Die Augen anlangend, würde das wieder stimmen. Musste nicht Agamemnon, als er von Herrn Schliemann ausgebuddelt wurde, unwillkürlich große Augen machen?" An anderer Stelle im „Kladderadatsch" heißt es in einem fingierten Telegramm aus Mykene: „16. December, 1 Uhr 25 Min. Triumph! Wir haben auch die Hörner gefunden, welche Helena ihrem Gatten, Menelaos dem Guten, aufgesetzt und welche dieser während des Krieges seinem Bruder zur Aufbewahrung übergeben hatte."

Das Archäologische Nationalmuseum Athen war weniger sarkastisch und dankte dem Ausgräber und seiner zweiten Frau Sophia für die überreichten Funde, indem es beider Büsten vor dem Mykene-Saal aufstellte. □

Dr. Reinhard Witte *ist Althistoriker, Mykenologe und Direktor des Heinrich-Schliemann-Museums in Ankershagen.*

Sommer 2004

Mit Tomas am Strand

Das Kloster haben wir besucht.

Ein rauschendes Fest

Unsere Unterkunft.

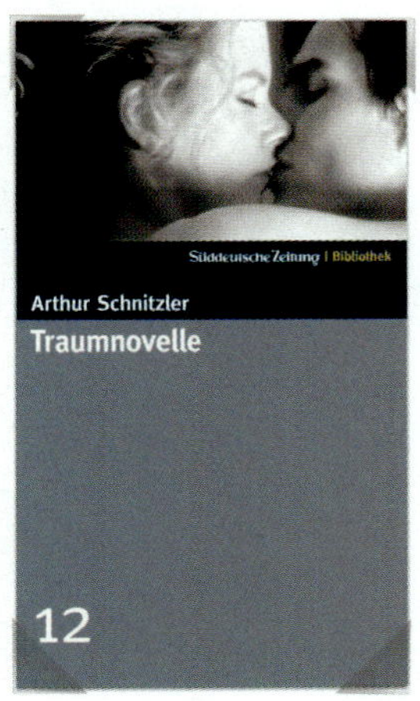

Unser letzter Abend

La Dolce Vita !!

Es war unheimlich schön. Vor allem weil wir mit der Süddeutsche Zeitung Bibliothek so viel erlebt haben. Unter www.sz-bibliothek.de (01805-262167) haben wir dann alle 50 Bände bestellt.*
Super !!!

Lese. Freude. Sammeln. Süddeutsche Zeitung | Bibliothek

*Gesamtpreis aller 50 Bände 196 Euro. Zzgl. 2 Euro Versandkosten je Lieferung für Nicht-SZ-Abonnenten.

Malerisch: Wie ein Kykladendorf wirkt der kleine Stadtteil Anafiotika am Fuße der Akropolis, zu der ein handgemaltes Schild den Weg weist

Das verbotene Dorf

Anafi

Text: Inka Schmeling
Fotos: Samuel Zuder

Anna Sidiropoulos, 54, lebt seit 50 Jahren in Anafiotika oberhalb des Zentrums. Sie sammelt Unterschriften von Touristen aus aller Welt für die Erhaltung ihres Viertels

Bauarbeiter von den Kykladen schufen sich vor 160 Jahren mitten in Athen eine neue Heimat. Ihre Nachfahren leben hier noch heute – illegal

„Kommt mit“, brummt Nicolas und schlurft voran. Beinahe scheuert der 75-Jährige mit beiden Schultern an den angrenzenden Hauswänden entlang, so eng sind die Gassen. Direkt über seinem Kopf lugen Katzen von den niedrigen Dächern hinunter. „So, da sind wir.“ Nicolas hält vor einem weiß getünchten Haus mit knallblauer Tür, Nummer 33. Hier tragen die Gassen keine Straßen- und die Menschen keine Nachnamen. Entlang der Hauswand reihen sich Blumentöpfe, daneben döst ein Hund in der Sonne. Das einzige, was jetzt noch fehlt, ist das Rauschen der Ägäis in der Ferne. Statt dessen brandet Baulärm heran und das Schreien einer Schulklasse auf der Akropolis. Denn so sehr die gedrungenen Steinhäuser auch nach Kykladeninsel ausschauen – sie liegen mitten in der Vier-Millionen-Metropole Athen am Hang der Akropolis.

„Anafiotika“ heißt dieses Miniaturdorf, „Viertel der Leute von Anafi“. Der Name erinnert an die Hand voll Männer, die um 1840 nach Athen gekommen waren, unter ihnen Nicolas' Ururgroßvater. Damals hatte Otto, der erste König von Griechenland, seinen Regierungssitz von Náfplio nach Athen verlegt. Ganz schnell musste ganz viel gebaut werden. Aus allen Regionen Griechenlands strömten Arbeit Suchende herbei, unter ihnen Nicolas' Vorfahr und andere Männer von der Kykladeninsel Anafi. Gewohnt an ihre gebirgige Heimat, suchten sie sich die höchste Erhebung im Stadtbereich: den Akropolishügel. Hier, an den steilen Kalkstein, klebten sie ihre Häuschen.

„Die Männer von Anafi haben sich einfach hier niedergelassen“, erklärt der Architekt Christos Papoulias, der in Anafiotika lebt und arbeitet. „Damals scherte sich niemand um einen Eintrag ins Grundbuch.“ Heute sehr wohl. Denn ohne amtlichen Vermerk sind die Häuser in Anafiotika nun illegal, ihre Bewohner Hausbesetzer. „Hausbesetzer?“ Nicolas kichert. „Ich wurde in diesem Haus geboren – genau wie mein Vater, mein Großvater und mein Urgroßvater.“

Dennoch: Anafiotika steht auf Staatsgelände. Und zwar auf begehrtem. Von hier ist man in einer Viertelstunde am Syntagma-Platz, in fünf Minuten am Eingang zur Akropolis, der Ausblick über Athen ist grandios.

otika

Im Viertel gilt der Architekt Christos Papoulias, 50, als Zugezogener – obwohl er seit 25 Jahren hier lebt und arbeitet

Dorfatmosphäre und lauschige Ecken: Anafiotika ist eine Oase der Ruhe, fern von Autos, Großstadt-Hektik und Lärm

„Unsere Regierung hat schon oft versucht, sich diese Grundstücke unter den Nagel zu reißen", empört sich Papoulias. Einmal sollte das Viertel Souvenirläden weichen, ein anderes Mal alles abgerissen und ein Luxushotel gebaut werden. Von heute auf morgen könnten die Einwohner gezwungen werden, ihre Häuser zu verlassen.

„Noch hat die Schönheit von Anafiotika immer über das Kalkül der Wirtschaft gesiegt"

„Noch hat die Schönheit von Anafiotika immer über Wirtschaftskalkül gesiegt", sagt Papoulias. „Die Regierung hat Angst vor den Protesten." Schließlich lieben nicht nur die wenigen Bewohner ihr Dorf, auch Touristen und Athener schlendern gerne durch die ruhigen Gassen. Kein Mofagehupe, keine Menschenmassen, keine Abgase. Hier bellt höchstens mal ein Hund oder Kochtöpfe klappern hinter den Fenstern. Es riecht nach Bratkartoffeln und nach Kamille, die auf verfallenen Dächern wuchert. Die entgegenkommenden Menschen schauen einem in die Augen und grüßen. Anafiotika ist eine Verschnaufpause im Großstadtleben. Ein Ausflug auf eine Kykladeninsel für eine halbe Stunde.

Die Bewohner sind bodenständig; Metzger, Maurer, Hausfrauen und vor allem ältere Menschen leben hier. Da sticht schon jemand wie der 50-jährige Christos Papoulias hervor, so wie auch sein Haus über das der Nachbarn emporragt. Seit 25 Jahren lebt er hier und gilt noch immer als Zugezogener, er ist der einzige, der mit Vor- und Nachnamen angeredet wird. Vielleicht weil er mal nach Indien oder Australien reist und in Venedig studiert hat, vielleicht weil er im Haus nebenan mit seinem amerikanischen Freund wohnt. Christos Papoulias ist das Unkonventionellste, das Anafiotika zu bieten hat.

„Wir leben hier ein sehr ruhiges, ursprüngliches Leben", erzählt Nicolas. Er ist pensionierter Schiffsfunker und lebt allein, geschieden und kinderlos. Alle Liebe steckt er in sein Haus. „Das hier ist mein Palast", sagt Nicolas. Drinnen hat er diesen Palast ausstaffiert mit giftgrünen und neonroten Langhaarteppichen, Familienfotos und goldverzierten Vasen mit Plastikblumen. Draußen reihen sich die Blumenkübel, Weinreben ranken über seinem Dachgarten und jeden Samstag weißt Nicolas die Gasse vor seiner Tür mit frischer Farbe. Sein Haus ist das weißeste, seine Fensterläden sind die blausten, seine Blumen die üppigsten von Anafiotika.

Vor allem die Alten bleiben. Viele junge Familien haben das Viertel verlassen. Ohne Mietverträge fehlt ihnen die Perspektive

Anafiotikas göttlicher Blick: vom Hang des Akropolis-Hügels über die Dächer der Stadt bis zum Lykávittos

Ein paar Meter weiter die Gasse hoch sieht man, was bei weniger Fürsorge geschieht: Im Fensterrahmen nur noch die Restzacken einer Scheibe, das Dach eingesackt, verenden zwei Häuschen, grau und leer. „Anafiotika wird alt", klagt Nicolas leise. „Früher haben hier fast 300 Menschen gewohnt. Ich bin mit meinen Eltern, Großeltern und meinen beiden Geschwistern in diesen drei Zimmern aufgewachsen."

Heute sind keine 60 Menschen mehr übrig. Für die verlassenen Häuser fühlt sich keiner zuständig. Die Stadt nicht, weil alles illegal gebaut wurde. Und den Bewohnern, meist einfache Arbeiter, fehlt das Geld und manchmal auch der Mut. Wieso investieren in ein Heim, das einem nicht wirklich gehört, das man vielleicht morgen schon verlassen muss? Dann ziehen sie halt doch in eins der billigen, gesichtslosen Häuser am Stadtrand.

Ganz Anafiotika verliert den Mut? Nein, ein kleiner Teil unbeugsamer Bewohner leistet nach wie vor heftigen Widerstand. Xynos zum Beispiel, ein 42-jähriger Autovermieter. Seine Familie lebt seit drei Generationen am Hang der Akropolis und sie wird auch hier bleiben, so viel sei klar. „Als 15-Jähriger habe ich eigenhändig unser Nachbarhaus wieder aufgebaut", erzählt er stolz. Hier lebt er jetzt mit Frau und Kindern, in Haus Nummer 50, Tür an Tür mit seiner Mutter. Sein Sohn Antonis, anderthalb Jahre alt, ist der jüngste Einwohner von Anafiotika. Außer ihm und seiner fünfjährigen Schwester Eva wurden in den vergangenen Jahren nur noch zwei Kinder hier geboren.

„Ich würde sie nirgendwo sonst in Athen aufziehen wollen", sagt ihr Vater Xynos. „Nur hier lernen sie die traditionellen griechischen Werte." Kurz darauf plärrt Antonis im Badezimmer los. Xynos schnipst einmal mit den Fingern und deutet mit dem Kopf Richtung Geschrei, seine Frau Dina springt sofort auf.

„Letztlich sind wir Dorfmenschen, keine Großstädter", sagt Nicolas, „Anafi ist mehr unsere Heimat als Athen." Jeden Juli und August verbringt er dort, in dem alten Haus seiner Familie. „Hin und wieder brauche ich doch die richtige Ägäis. Wobei das hier doch auch grandios ist, oder?" Er zwinkert und zeigt auf die anafiotikanische Version vom Meer, die man von seinem Dachgarten und vielen Aussichtspunkten des Viertels bewundern kann: Die Dächer der nahen Altstadt, das grüne Feld der Agor und, wie ein Fels in der Brandung, der Lykávittos-Hügel. □

Nacktheit war Vorschrift
bei allen Disziplinen, beim Lauf
wie beim Ringen. Ausnahme:
der Waffenlauf in voller Rüstung

Siegerkranz oder Tod

Die Spiele der Antike waren weder fair, noch waren die Athleten edel und schön. Vollgefressene Fleischberge trachteten einander nach dem Leben, Bestechung war an der Tagesordnung

Text: Emanuel Eckardt

Der erste Olympiasieger, ein Koch namens Koroibos, gewann im Jahre 776 v. Chr. den Stadionlauf über 192 Meter und erhielt als Siegespreis einen Apfel. Seither wird penibel aufgezeichnet, wer in welchen Disziplinen den Sieg davontrug und wer den olympischen Kampf nicht überlebte, wer wen bestach und wer, wie Roms Kaiser Nero, die Spiele kaufte, um als Sieger in die Geschichte einzugehen. Der verrückteste Popstar der Antike hatte die Regeln geändert, eine Gesangskonkurrenz und einen Wettbewerb der Herolde eingebaut, die er beide mühelos gewann. Und obwohl er beim Wagenrennen das Ziel nicht erreichte, musste ihm auch hier der Sieg zugesprochen werden, denn er hatte die Schiedsrichter mit einer Million Sesterzen belohnt und die Provinz Griechenland von allen Steuern befreit. Seine Nachfolger machten dies schnell rückgängig und tilgten die 211. Olympischen Spiele aus den Urkunden. Gezählt wurden 293 Olympiaden, 1168 Jahre dauerte die Olympische Ära der Antike.

Ursprünglich dienten die Spiele keinem Kaiser, sondern Zeus, dem Vater der Götter. Ihm zu Ehren wurden 100 Rinder geopfert, die besten Stücke auf dem Altar verbrannt und der Rest unter den Sterblichen verteilt, genug für die große Party der Athleten und ihrer Betreuer, denn die Spiele waren eine höchst irdische Veranstaltung mit allem, was dazu gehört: Tricks, Betrug und Bestechung für unsterblichen Ruhm. Früh ging es um Politik. Die Spartaner, die fast anderthalb Jahrhunderte olympische Siege sammelten, nutzten dies für die Selbstdarstellung als unschlagbare Militärmacht. Nirgendwo wurde Jugend so hart trainiert – der Sieg im Kampfsport machte den Helden aus. Ein Olympionike hatte das Vorrecht, in der Schlacht an der Seite des Königs kämpfen zu dürfen.

Die Spartaner waren es auch, die den Dresscode für die Athleten festlegten: Sie waren vollkommen nackt, ihre Körper eingeölt. So kämpften sie in den „gymnischen" (nackten) Disziplinen wie Stadionlauf (192 Meter), Doppellauf (der etwa dem heutigen 400-Meter-Lauf entspricht) und Langlauf (ca. 4600 Meter), im Boxen und Ringen sowie im olympischen Fünfkampf: Diskuswerfen, Weitsprung, Speerwurf, Laufen und Ringkampf. Um 520 v. Chr. durften die Sportler wieder Kleidung tragen. Der Waffenlauf kam dazu, der Athlet musste in voller Rüstung mit Helm, Beinschienen, Speer und Schild die 400-Meter-Distanz durchlaufen. Auch beim Pferde- und Wagenrennen war Nacktheit nicht vorgeschrieben.

Wer kämpfte, gehörte zur Elite. Die Athleten entstammten dem griechischen Adel. Frauen, Barbaren oder Sklaven waren ebensowenig zugelassen wie vorbestrafte Mörder oder Tempelräuber. Während der Spiele herrschte die *ekecheiria*, der olympische Friede, der eher eine Art mühsam eingehaltener Waffenstillstand war, denn die Griechen waren notorisch zerstritten. Immerhin: Elis, Schauplatz der Spiele, war als Heiligtum entmilitarisierte Zone.

Die Besucher kamen von weither, nahmen strapaziöse Reisen auf sich.

Auf dem Peloponnes in Olympia fanden die Spiele zu Ehren des Göttervaters Zeus statt

Unter den Zuschauern waren auch junge Frauen, doch sobald sie verheiratet waren, blieb ihnen der Zutritt zum Heiligtum verwehrt. Zuwiderhandlungen wurden streng geahndet. Jede Frau, die im heiligen Bezirk erwischt wurde, sollte von einem nahen Felsen zu Tode gestürzt werden. Einmal hat es doch eine gewagt, Kallipateira, die sich als Sportlehrer verkleidete, um ihren Sohn zum olympischen Boxkampf zu begleiten. Als er den Kampf gewann, sprang sie über die Absperrung und dabei verrutschte wohl ihre Tarnung. Sie wurde, mit Rücksicht auf ihre Familie, begnadigt. Aber fortan durften auch Sportlehrer keine Kleidung mehr tragen.

Ein Treffen lebender Marmorstatuen werden die Spiele kaum gewesen sein. Das griechische Ideal vom makellos schönen Modellathleten war weit von der Realität entfernt. Die Ringer waren muskelbepackte, verfressene Fleischberge. Sie kämpften ohne jede Fairness. Zur Kampftechnik

Weitsprung galt in der Antike nicht als Einzeldisziplin, sondern war Teil des Fünfkampfes. Um weiter nach vorn gezogen zu werden, benutzen die Athleten Sprunggewichte

gehörten Würgegriffe, Rumpfklammern und Gelenke auskugeln.

In der Disziplin der Pankration, einer Mischung aus Boxen und Freistilringen, ging es noch brutaler zu. Schläge, Würfe, Niedertrampeln des Gegners, Tritte in die Genitalien, Luftabdrücken, alles war erlaubt außer beißen und „graben", das Bohren mit dem Finger in der Augenhöhle oder anderen Weichteilen.

Unter dem Gejohle des Publikums wälzten sich die beölten Kämpfer im Dreck, spuckten Blut und Zähne. Berühmtester Olympiasieger in dieser Disziplin war Arrhichion aus Phigaleia, der seinen dritten Sieg 564 v. Chr. allerdings nicht überlebte. Doch im Todeskampf gelang es ihm, dem Gegner, der ihm die Luft abdrückte, den Zeh zu brechen und ihn zur Aufgabe zu zwingen.

Auch der edle olympische Boxkampf war pure Körperverletzung. Die Kämpfer hatten die Fäuste mit Lederriemen umwickelt, nicht um den Kopf des Gegners zu schonen, sondern die eigenen Knöchel. Es gab keine Pausen, keine Ecke zum Verschnaufen. Geschlagen wurde so lange, bis einer aufgab oder sich nicht mehr rührte. Clinch und Klammern war verboten. Die *helladoniken* (Griechenrichter) ließen sofort einen Aufseher mit der Peitsche dazwischengehen. Absprachen über Sieg oder Niederlage kamen den Athleten und seinen Staat teuer zu stehen. Als Strafe mussten „Zanes", bronzene Zeus-Statuen gestiftet werden. Zeitzeugen zählten 17 solcher Zanes am Zeus-Heiligtum.

Der Sieger bekam einen Blätterkranz vom heiligen Ölbaum am Tempel, von einem Knaben mit goldener Sichel geschnitten, und durfte am Schauplatz eine Statue aufstellen. Silbermedaillen gab es nicht. Der zweite Platz war nichts wert, jede Niederlage galt als Schande. Der wahre Athlet betete um „Kranz oder Tod". Den Fünfkämpfer Ainetos ereilte beides. Er soll bei der Bekränzung tot umgefallen sein.

Im Rennsport wurde übrigens nicht der Wagenlenker, sondern der Rennstallbesitzer als Sieger gefeiert. Er musste nicht einmal in Olympia anwesend sein, was manchen Kuhhandel unter Tyrannen möglich machte. Ehrgeizige Politiker schlugen aus sportlichen Erfolgen Kapital, nutzten Olympiasiege, um Oberbefehlshaber zu werden oder wenigstens Delegationsleiter. Dem siegreichen Heimkehrer wurde ein Triumphzug ausgerichtet, in einigen Städten hatte er sogar das Recht, eine Bresche in die Mauer zu schlagen und durch sie in die Stadt einzuziehen. Eine Polis, die solche Bürger in ihren Reihen habe, brauche keine Mauern mehr, erläuterte Plutarch diesen Brauch. Weshalb auch Nero ein gutes Stück von Roms Stadtmauer für seinen Triumphzug einreißen ließ.

Ein Olympiasieger hatte ausgesorgt. Athlet kommt von *athlon*, Kampfpreis, Belohnung. Also wurde gezahlt. In Athen bekam er ein Preisgeld, das dem Wert von 100 Rindern entsprach. Er gehörte zu den Spitzen der Gesellschaft, hatte Anspruch auf einen Ehrenplatz im Theater und durfte jeden Tag und lebenslang unentgeltlich im Rathaus der Stadt speisen.

Sport und Personenkult waren schon damals nicht zu trennen. Unter den Sportlern der Antike gab es Stars wie den Läufer Leonidas von Rhodos, der zwölf Olympiasiege holte, oder Milon von Kroton, König der Ringer, sechsfacher Olympiasieger, ein Koloss, der am Tag 20 Minen (8,68 Kilogramm) Fleisch gegessen und rund zehn Liter Wein getrunken haben soll. Es gab Profisportler wie den Läufer Sotades, der 384 v. Chr. für eine stattliche Transfersumme von Kreta nach Ephesos wechselte, weshalb Kreta den Abtrünnigen mit der Verbannung strafte. Oder den Berufsathleten Theogenes von Thasos, der im frühen 5. Jahrhundert in seiner 22-jährigen Laufbahn 1300 Siege in Boxen und Pankration errungen haben soll.

Weil auch Frauen schnelle Pferde besaßen, war es nur eine Frage der Zeit, bis in der Königsdisziplin, dem Wagenrennen, die erste Frau den Sieg errang. Es war Kyniska, Tochter des Königs von Sparta, deren Pferde 396 und 392 v. Chr. gewannen. Auch die Kurtisane Belastiche, Mätresse des ägyptischen Königs, schaffte es zweimal. Längst hatten sich die Spiele internationalen Teilnehmern geöffnet. Der Makedonier Philipp II., Vater Alexanders des Großen, war stolz auf seine Siege im Wagenrennen,und nachdem Griechenland römische Provinz wurde, gab es auch bald den ersten römischen Olympiasieger. Es war der spätere Kaiser Tiberius. Doch der alte Glanz war verblasst. Der römische Gott Jupiter hatte Zeus abgelöst und der hatte kaum noch etwas zu melden. Im Jahre 393 n. Chr. machte Kaiser Theodosius dem heidnischen Treiben ein Ende. Die Zeit war reif fürs christliche Mittelalter. Es sollte 1503 Jahre dauern, bis ein französischer Baron die Olympischen Spiele wiederbelebte. □

Emanuel Eckardt, *freier Autor in Hamburg, schreibt häufig für* MERIAN.

Boxen war bei den ersten Olympischen Spielen eine viel brutalere Veranstaltung, als diese spätminoische Abbildung vermuten lässt

Die Wiedergeburt der Spiele

Der Mann, der Olympia neu erfand, war Internationalist im Zeitalter des Nationalismus. Der Franzose Pierre de Coubertin schwärmte für die Ideale der griechischen Antike und den englischen Sportsgeist Text: Cornelia Heim

Die Vision des Herrn Baron

Seine sterblichen Überreste wurden 1937 in Lausanne beigesetzt, dem Sitz des Internationalen Olympischen Komitees; sein Herz aber ruht in einer Marmorsäule in Olympia. Dieser letzte Wille ist bezeichnend für das Wirken des Pierre de Coubertin: Der Baron hatte buchstäblich und auch schon zu Lebzeiten sein ganzes Herzblut seinem olympischen Traum gewidmet.

Pierre de Coubertin stammte aus einem alten französischen Adelsgeschlecht, aber anders als in seinen Kreisen üblich, besaß er wenig militärische Ambitionen. Er war ein Schöngeist – schon als Student der Philosophie und Pädagogik ein Außenseiter in den Augen seiner Familie. Im positiven Sinne ein leidenschaftlicher Verrückter, der sein privates Vermögen seiner großen Überzeugung opferte: dass Sport den menschlichen Charakter bilde und mithin die politische Elite mit jenen Werten versehen könne, die zur Gestaltung einer besseren Welt vonnöten seien. „Das Wichtigste im Leben ist nicht der Triumph, es ist der Kampf; das Wesentliche ist nicht gesiegt, sondern sich wacker geschlagen zu haben." Dabeisein ist alles, wenn man sich nur redlich bemüht – der Herr Baron war schließlich selbst eine Kämpfernatur: „Man kann, was man will, wenn man es nur lange will."

1500 Jahre war das olympische Fest in der Versenkung verschwunden, verbannt im Zuge der Christianisierung von Kaiser Theodosius dem Großen, der die antiken Spiele wegen Anbetung heidnischer Götter verboten hatte. Coubertin gilt als ihr moderner Geburtshelfer. Er sah in ihnen aber weder einen Selbstzweck, noch bestand ihr wichtigster Sinn für ihn im Erbringen formidabler sportlicher Leistungen. Coubertin betrachtete die Spiele als das Mittel, seine pädagogischen Ideen zu verwirklichen.

Für die Wiederbelebung der Olympischen Spiele am Ende des 19. Jahrhunderts waren zwei gesellschaftliche Bewegungen maßgeblich: Der englische Sport mit seinem Wettkampfcharakter und die Begeisterung für die griechische Antike. Das Bildungsbürgertum mit seinen neuhumanistischen Idealen betrachtete die Antike als Vorbild. Einen großen Anteil am modernen Mythos Olympia leistete die deutsche Klassik und später auch der deutsche Archäologe Ernst Curtius, der von 1875 bis 1881 die Ruinen des antiken Olympia ausgrub.

Das Menschenbild des jungen Coubertin mit der „Vermählung von Muskel und Geist" allerdings war geprägt vom englischen Sport, der gerade seinen Vormarsch auf dem Kontinent begonnen hatte. Das moderne britische Sportverständnis stieß auf erheblichen Widerstand der etablierten nationalen Systeme zur Leibeserziehung. Besonders von Seiten der deutschen Turner, die es als „ungesundes Rekordstreben" ablehnten. Coubertins Leistung bestand nun darin, beide Aspekte – die Internationalisierung des Sports und die Euphorie fürs griechische Altertum – zu verknüpfen und dadurch den Olympischen Spielen einen neuen Geist einzuhauchen.

Der hoch gebildete Universalgelehrte war ein Fan der britischen *public schools*. Deren pädagogische Ideale – Humanität und Fairness – übertrug Coubertin auf den Sport und überhöhte ihn dadurch. Die Olympischen Spiele sollten zur Völkerverständigung beitragen: „Von den Völkern zu verlangen, sich gegenseitig zu lieben, ist eine Art Kinderei; sie aufzufordern, sich zu achten, ist keine Utopie; aber um sich zu achten, muss man sich zunächst kennen." Kurzum: Das Fundament seiner olympischen Idee ist neben der Schulung des Charakters („Sport bedeutet eine Quelle möglicher innerer Vervollkommnung") die Internationalität. Sie sollte dazu führen, dass auch der Zuschauer „jedes Nur-National-Empfinden auf Urlaub schickt". Darin unterscheiden sich die Coubertinschen wesentlich von den antiken Spielen, die rein nationaler Natur waren.

Am 23. Juni 1894 lud Coubertin namhafte Sportführer der Welt nach Paris ein, um – so sein Vorwand – über die Amateurbestimmungen im Sport zu debattieren. Unter letztens, Punkt acht der Geschäftsordnung, hatte er sein eigentliches Ansinnen, die Wiederaufnahme der Olympischen Spiele, die er bereits vor zwei Jahren vorgeschlagen hatte, versteckt. Wider Erwarten gab es diesmal keinen Einspruch. Das Internationale Olympische Komitee wurde gegründet, dessen Präsident Coubertin von 1896 bis 1925 sein sollte.

Als Patriot hatte Coubertin allerdings keinesfalls die Absicht, die ersten Spiele der Moderne auf dem Peloponnes zu veranstalten. Sein Credo: „Die Deutschen haben das ausgegraben, was von Olympia übrig geblieben ist, warum sollte es nicht an Frankreich sein, die alte Herrlichkeit wieder zum Leben zu erwecken." Soll heißen: Coubertin beanspruchte den Neubeginn des alten Olympia für sein Vaterland und wollte das neue Jahrhundert mit den Spielen 1900 in Paris eingeläutet sehen. Diese sollten im Rahmen der ersten Weltausstellung stattfinden.

Doch Coubertins eigene Argumentation, Antike und Moderne durch die neuen olympischen Spiele zu verbinden, sprach gegen seinen Wunsch-Austragungsort Paris. Der griechische Deligierte Demetrius Bikelas brachte die Mehrheit rasch hinter sich, als er sinngemäß forderte: Wir sollten da anfangen, wo man im Altertum aufgehört hat und auch die neuen Spiele in Athen ansiedeln. Tief enttäuscht musste Coubertin sich fügen. Statt 1900 Paris nun also 1896 Athen. Und die moderne Olympia-Premiere wurde nicht vom Olympia-Regisseur organisiert, sondern vom Gastgeberland allein. „Ich glaubte nicht, dass Griechenland imstande wäre, die erste Wiederaufnahme sportlicher internationaler Wettkämpfe zu bewältigen", gab der Baron in seinen „Olympischen Erinnerungen" zu.

Er irrte, organisatorisch gingen die Spiele recht gut über die historisch bedeutsame Bühne. Den Griechen kam Olympia zudem sehr zur Stärkung ihres noch frischen Nationalbewusstseins entgegen – der junge Staat hatte erst 1843 seine erste Verfassung erhalten. In der Weltöffentlichkeit fand das olympische Debüt indes nur ein geringes Echo. Gehen heute rund 10 000 Athleten aus über 200 Ländern bei Olympia an den Start, fing man 1896 recht beschaulich an: König Georg I. eröffnete am Ostermontag die ersten Spiele der Neuzeit. Etwa 300 Athleten – ausschließlich Männer(!), denn „der wirkliche olympische Held ist der erwachsene männliche Einzelkämpfer" – aus 13 Ländern waren in neun Sportarten olympisch aktiv: Leichtathletik, Fechten, Schwimmen, Turnen, Radsport, Schießen, Ringen, Gewichtheben und Tennis. Der Sieger erhielt einen Olivenzweig und eine Silbermedaille, der Zweite einen Lorbeerzweig und eine Kupfermedaille. Ein Jahr später war vom olympischen Frieden freilich nichts mehr zu spüren. Die Griechen hatten den Befreiungskrieg um Kreta gegen die Türken entfacht. Diese warfen den olympischen Veranstaltern vor, die Spiele zur Aufwiegelung missbraucht zu haben.

„Coubertin hat in seinem olympischen Werk eine Menge Niederlagen eingesteckt", bilanziert Professor Manfred Lämmer, Leiter des Instituts für Sportgeschichte an der Sporthochschule Köln, das Lebenswerk des engagierten Franzosen. Deshalb sei der Herr der Ringe durchaus auch „eine tragische Figur". Des Barons visionäre Leistungen wurden erst nach seinem Tod vollends gewürdigt. Schon vor 100 Jahren warnte Coubertin vor der Kommerzialisierung der Spiele: „Markt oder Tempel! Die Sportsleute haben zu wählen. Sie können nicht beides wollen, sie müssen sich für eines entscheiden. Sportsleute wählet." □

Cornelia Heim *lebt als freie Autorin in Hamburg und schreibt unter anderem für den Stern und den Tagesspiegel.*

Olympische Impressionen von 1896 (v.l.): das offizielle Plakat zu den Spielen; unorthodoxe Startpositionen beim 100-Meter-Lauf; beim Florettfechten zwischen Griechenland und Frankreich fungiert der griechische König Georg I. als Oberschiedsrichter. Das Olympiastadion in Athen (r.) bot 60 000 Zuschauern Platz

Chance für die Hauptstadt

„Ich muss kämpfen"

Viel Kritik musste Bürgermeisterin Dóra Bakojánni einstecken: Zu langsam, zu spät, zu schwerfällig seien die Olympischen Spiele vorbereitet worden. Die 50-Jährige erschüttert das nicht. „Athen", sagt sie, „wird wieder eine Stadt zum Verlieben" **Interview: Frank Hartmann**

MERIAN: Athener bezeichnen ihre Stadt oft als *foúrnos*, Backofen, und als *súgkla*, Dschungel. Welche Synonyme fallen Ihnen ein?

Bakojánni: Athen mit seinem antiken Reichtum ist auch eine moderne, lebhafte Stadt mit einer sehr, sehr starken Identität. Auf ein paar Leute wirkt das chaotisch. Zur Zeit ist es schwer, den wahren Charakter unserer Stadt zu zeigen, weil überall gebaut wird. Aber damit sind wir ja bald fertig. Und dann wird Athen ganz anders sein, farbiger. Mit mehr Grünflächen, neuen Ecken, Fassaden und Bürgersteigen, eine Stadt, in der man sehr gut leben kann. Ich habe früher ja auch in München miterlebt, wie man überall gebaut hat und alle Bayern geschimpft haben. Aber es hat sich gelohnt.

Dann haben Sie wohl über den Aprilscherz gelacht, wonach das Internationale Olympische Komitee ad hoc entschieden habe, die Spiele doch noch schnell nach Sydney zu verlegen?

Wir sind uns bewusst, dass kleinste Land zu sein, dass eine so große Aufgabe übernommen hat. Aber wir wollen nicht akzeptieren, dass man ein riesiges und ein mächtiges Land sein muss, damit man Olympische Spiele organisieren kann. Ob es einem passt oder nicht, ein Nachfolger des Philippídis …

… der in voller Kriegsrüstung nach Athen eilte, um den Sieg gegen die Perser zu verkünden …

… kann nur in Griechenland die originale Marathonstrecke laufen.

Die Entscheidung für Athen als Austragungsort der Olympischen Spiele ist bereits 1997 gefallen. Wieso haben Sie mit dem Bau neuer Straßen, Metrostrecken und Sportstätten jahrelang gewartet?

Ich finde, dass wir mehr Kritik bekommen, als wir verdient haben. Sicher hat man spät angefangen, aber es gab auch objektive Probleme.

Welche?

Einiges lag an der Prozedur. Es ist in Griechenland sehr leicht, zum Gericht zu gehen und ein Projekt zu stoppen. Ich hoffe, dass wir die Organisation so hinbekommen, dass man sich wieder einmal in die Stadt verliebt. Das braucht Athen, auch wirtschaftlich gesehen.

Sie haben ein 160 Millionen Euro teures Erneuerungsprogramm für Athen gestartet. Welche Projekte haben Sie damit initiiert?

Wir waren nicht auf die Spiele vorbereitet. Ich musste in einem Jahr sehr viel tun. Der Etat von 160 Millionen Euro wird zurzeit investiert. Das ist für uns ein Riesenprogramm. Athen war

Athens Bürgermeisterin an ihrem Schreibtisch im Gespräch mit MERIAN-Autor Frank Hartmann

VITA | Dóra Bakojánni

1954 wurde Dóra Bakojánni als ältestes von vier Kindern geboren. Ihre Eltern sind der heutige Ehrenpräsident der konservativen Néa Demokratía (ND), Konstantínos Mitsotákis und seine Frau Maríka Yannoúkou, die jahrelang eine Bewegung für die Rechte von Körperbehinderten anführte. Als ihre Familie vor der griechischen Militärjunta nach Paris floh, war Dóra 14 Jahre alt. Sie studierte in Athen und München Politik, Jura und Kommunikation, spricht fließend Deutsch, Englisch und Französisch. **1974** heiratete sie den Journalisten und ND-Politiker Pávlos Bakojánnis. Sie arbeitete im Wirtschafts- und Außenministerium und leitete den Mitarbeiterstab ihres Vaters, der 1984 zum Parteichef aufstieg. **1989** erschossen Mitglieder der griechischen Terrorgruppe „17. November" ihren Mann, mit dem sie zwei Kinder hat. Nach erfolgreicher Teilnahme an den Wahlen in der zentralgriechischen Bergregion Evrytanía nahm Dóra Bakojánni seinen Sitz im Parlament ein. Unter ihrem Vater, der **1990** Premierminister wurde, übernahm sie das Amt der Kulturministerin. **1998** heiratete sie den griechischen Geschäftsmann Isídoros Koúvelos. Vier Jahre später kandidierte Dóra Bakojánni für das Bürgermeisteramt und erhielt Oktober **2002** mit 60,3 Prozent der Stimmen eine größere Mehrheit als alle ihre Vorgänger. Mit ihr steht erstmals eine Frau an der Spitze Athens.

eine Stadt mit sehr viel Anarchismus. Jetzt müssen die Athener verstehen, dass man nicht parken kann, wo man will, damit es Ordnung in dieser Stadt gibt. Ich habe mir dafür 500 Polizisten genommen. Das ist viel, aber ich habe nicht den Luxus, noch drei, vier Jahre Zeit bis zu den Spielen zu haben.

Sehen Sie das Bürgermeisteramt als Sprungbrett für Ihre Karriere?

Nein. Ich habe mich wegen der Möglichkeiten für die Stadt im Rahmen der Vorbereitung der Olympischen Spiele dafür entschieden. Ich habe mich schon früher, und wahrscheinlich werde ich das auch später machen, mit Außen- und Verteidigungspolitik beschäftigt. Aber ich wollte wenigstens für bestimmte Zeit den täglichen Problemen der Menschen sehr nahe kommen. In der Politik besteht die Gefahr, dass man sich von den Menschen entfernt. Man liest sehr viel, guckt sich die Statistiken an, rechnet. Und auf einmal stehen die Menschen nicht mehr im Zentrum. Durch Athen und dieses Amt wollte ich den Kontakt halten.

Wo in Athen würden Sie gern einmal ein freies Wochenende verbringen?

Ich habe eine lange Wunschliste. Besonders gefällt mir der alte Teil von Athen. Ich habe als Kulturministerin begonnen, die antiken Stätten durch neue Wege miteinander zu verbinden. Als meine Kinder noch klein waren, habe ich sie immer mitgenommen und bin mit ihnen bis zur antiken Grabstätte Kerameikós gelaufen. Jetzt, wo die Fußgängerzone fast fertig ist, kann man auf 16 Kilometern Länge ohne Autoverkehr durch die Antike bummeln. Athen hat ein ganz besonderes Licht. Das sehen Sie, egal ob Sie in Athen sind oder von Marathónas bis Soúnio am Meer entlang fahren. Athen ist eine Stadt, für die vier oder fünf Tage wirklich nicht reichen – auch wenn das jeder Bürgermeister von seiner Stadt sagt.

Können Sie denn sicherstellen, dass im August Hunderttausende von Besuchern angemessen untergebracht werden?

Alle wissen, dass man für die Zeit der olympischen Spiele vorher Tickets und Zimmer reservieren muss. Die Bettenzahl, einschließlich der vielen Schiffskabinen, ist in Ordnung. Für mich ist aber wichtiger, dass auch nach den Spielen die Hotels, vom kleinsten bis zum größten, olympischen Standard aufweisen.

Wie lange müssen die Athener zahlen, bis die Kredite für die Erneuerung getilgt sind?

Wenn die Stadt wieder ein zentraler Touristenort wird, und das schaffen wir, dann sind unsere 160 Millionen Euro das wert.

Was war bisher Ihre größte Enttäuschung?

Dass alles länger dauert, als ich mir vorgestellt hatte. Man muss sich wirklich sehr durchkämpfen.

Durch Verwaltungsprozesse und Sitzungen?

Durch Verwaltungssitzungen. Doch es geht, wie unser Fassadenprogramm zeigt. Anfangs hieß es, das brauchen wir nicht. Aber wir haben jetzt schon 1250 Menschen dazu bewegt, die Fassaden ihrer Häuser zu erneuern. In Barcelona waren es 145. Da habe ich mir gesagt, unser Ergebnis ist nicht schlecht für Griechenland. Ich hätte gerne 2500, aber die Sache läuft an, das ist das Wichtigste.

Athen 2004 soll drei Ideale transportieren: Toleranz, Demokratie und Frieden. Wie?

Wir leben in einer Welt, in der durch Terroristen alles, woran wir glauben, in Frage gestellt wird. Unsere demokratischen, toleranten, multikulturellen Gesellschaften, all das, was Europa ausmacht. Die Vorbereitung der Sicherheit während der Olympischen Spiele wird stark kritisiert. Unsere Antwort ist: Wir werden alles tun, damit sie sicher sein werden. Meine Position ist einfach und ich halte daran fest: Wenn wir Großveranstaltungen wie die Olympischen Spiele in Frage stellen, dann haben die Terroristen schon gewonnen. Dennoch kann niemand absolute Sicherheit garantieren. Und es gibt auch keine demokratische Gesellschaft, in der nie ein Molotow-Cocktail fliegt. Aber das hat sehr wenig mit echtem Terrorismus zu tun. □

Frank Hartmann *lebt als freier Journalist nahe Athen und schrieb für dieses Heft auch über die Strände in Stadtnähe und die Lebensart der Athener.*

MERIAN | INFO Die olympischen Sportstätten

Die olympischen Wettkämpfe sind nicht auf Athen begrenzt. Die insgesamt 18 Wettkampfstätten sind quer über die attische Halbinsel verteilt und vom Athener Zentrum aus mit Bussen, Metro und Vorortbahnen zu erreichen.

1 Parinitha
Mountainbike-Wettbewerbe

2 Marathon Der Marathonlauf startet von historischer Stätte und folgt der antiken Laufstrecke des Phillipídis. Ziel ist das Panathinaiko-Stadion, das alte Olympiastadion von 1896 mitten in Athen

3 Schinias olympisches Ruder- und Kanuzentrum
Ruder-, Kanu- und Kajakwettbewerbe

4 Olympia Halle Ano Liossia
Ringen und Judo

5 Olympia Halle Nikaia
Gewichtheben

6 Olympia Halle Peristeri
Boxen

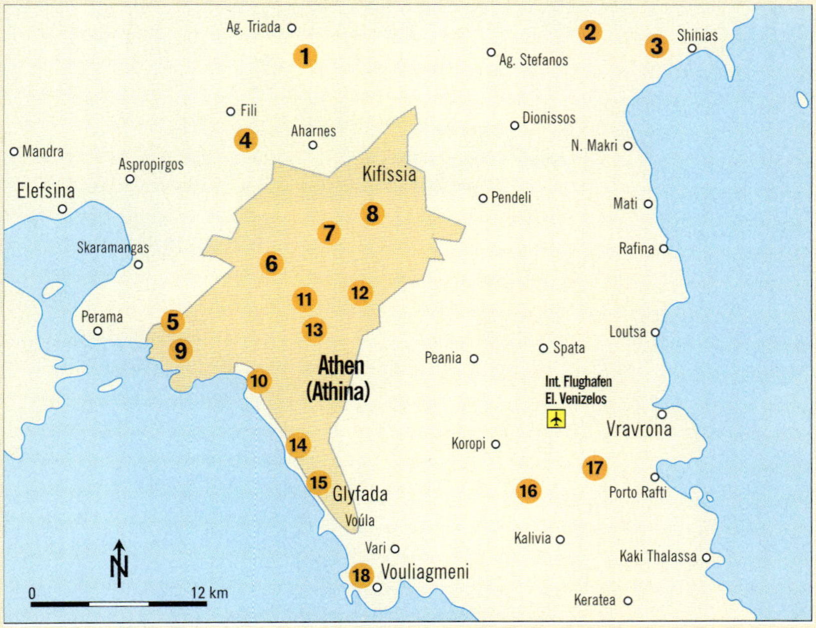

7 Olympia Halle Galatsi
Tischtennis, Rhythmische Sportgymnastik

8 Athen Olympic Sports Complex
Sportkomplex im Norden Athens, zu dem einige der wichtigsten Austragungsstätten gehören: das neue Olympiastadion (Leichtathletik), die Olympiahalle (Turnen, Basketball), das Tennisstadion, das Schwimmzentrum und das Olympische Velodrom (Bahnrad-Wettbewerbe)

9 Karaiskaki Stadion
Fußball

10 Faliro Olympic Complex
Taekwondo, Handball, Volleyball, Beach-Volleyball

11 Olympische Radstrecke
Straßen-Radrennen

12 Goudi Olympic Complex
Moderner Fünfkampf, Badminton

13 Panathinaiko Stadion
Zieleinlauf Marathon, Bogenschießen

14 Helliniko Olympic Complex
Basketball, Handball, Fechten, Baseball, Softball, Kanu/Kajak-Slalom, Hockey

15 Agios Kosmas Sailing Centre
Segeln

16 Markopoulo Olympic Shooting Centre
Schießen

17 Markopoulo Olympic Equestrian Centre
Springreiten, Dressurreiten, Vielseitigkeitsreiten

18 Vouliagmeni Olympic Centre
Triathlon

>> Weitere Tipps im Internet unter www.athens2004.com

Foto: Yann Arthus-Bertrand

Poseidons Ausguck

Am Südzipfel der attischen Halbinsel lockt Kap Soúnio mit Poseidon-Tempel und traumhaftem Blick. Nur einer von vielen stadtnahen Stränden, für die es sich lohnt, Athen den Rücken zu kehren – zumindest für einen Badeausflug

Text: Frank Hartmann

Sonnenuntergang vor Kap Soúnio: Seit 2400 Jahren recken sich die Säulen des Poseidon-Tempels malerisch empor. Das Heiligtum des Meeresgottes weist Seefahrern den Weg, in der Antike kontrollierten die Athener von hier aus die Einfahrt in den Saronischen Golf

Wir waren allein, das Wasser kristallklar… … morgen erkunden wir die nächste Badebucht

Kap Soúnio, 16 Säulen, Überreste eines Tempels, 2400 Jahre alt. Die Sonne taucht den weißen Marmor in mildes Licht. Tiefblaues Meer, soweit das Auge reicht. In der Ferne, dunstumhüllt, zeichnen sich die Kykladeninseln Kéa, Sérifos und Kythnos ab – Abendstimmung am südlichsten Punkt des attischen Festlandes.

Wir waren schwimmen, wenige Kilometer von hier, in einer namenlosen Bucht vor Legrená. Nicht zu vergleichen mit den zwei gepflegten und bestens ausgestatteten Hotelstränden des neuen Fünf-Sterne-Resorts „Cape Sounio". Aber schön war's trotzdem oder gerade deshalb. Wir waren allein. Das Wasser kristallklar, am Ufer türkisfarben. Am Strand lagen ein paar Algenbüschel verstreut im Sand, dazwischen Kiesel. Die störten uns nicht. Nur ein schattiges Plätzchen fehlte.

Hier oben am Tempel ist es ganz schön windig. Das müssen Vorboten der Meltémi-Winde sein, die im Hochsommer über die Kykladen hinwegbrausen. Unsere Hemden flattern über der Brust. Die Haare sind schon trocken und fliegen nach oben wie einst Ikarus zur Sonne. 60 Meter unter uns klatschen Wellen an die Klippen. Man müsste lebensmüde sein, um diese Felsen herunter zu klettern und unten ins Wasser zu springen.

Nein, hierher kommt man, um einen Tempel zu erahnen, der einst der Göttin Athená Souniás geweiht war. Und um das zweite Heiligtum zu bewundern, das um 440 v. Chr. über einer älteren Anlage errichtet wurde und einmal auf 34 dorischen Säulen ruhte. Knapp die Hälfte von ihnen steht noch, ringsherum abgesperrt mit Eisenketten. Außergewöhnlich sind die Längsrillen an den Schäften der Säulen. Eigentlich müssten es 20 sein. Aber diese hier haben nur 16 – aus Gründen des Windschutzes, vermuten Archäologen. Lord Byron hat seinen Namen in eine der Säulen geritzt. Dafür würden die Behörden den englischen Philhellenen heute schwer bestrafen. Wahrscheinlich müsste er sein nächstes Gedicht in einer griechischen Gefängniszelle schreiben.

Das Plateau füllt sich allmählich. Kein Wunder, in jedem Reiseführer stehen über Kap Soúnio Worte wie „Synonym für griechische Tempelromantik" oder „landschaftlich am schönsten gelegener Tempel Griechenlands" und „besonders eindrucksvoll im Licht des Sonnenuntergangs". Stimmt alles.

Die Sonne ähnelt inzwischen einem glutroten Feuerball, der am Horizont gleich das Meer berühren wird. Einige der Paare umarmen sich und beobachten schweigend das Naturschauspiel. In diesem magischen Moment erscheint die Frage nebensächlich, ob der jetzt zart rosa schimmernde Tempel zu Ehren des Apoll oder des Poseidon errichtet wurde, worüber Experten noch immer streiten.

Der Wind lässt nach. Wir hören das leise Rauschen der Wellen und entscheiden uns für Poseidon, den Gott des Meeres. Morgen wollen wir die andere Seite des Kaps erkunden und eine neue Badebucht entdecken. □

Tempelanlage am Kap Soúnio,
Tel. (229 20) 393 63, tgl. 10 Uhr bis Sonnenuntergang, Eintritt: 4 €, erm. 2 €, Kinder frei

Schiniás: Strandidyll ohne Baderummel

Avláki: Von der Stadt an den Strand, ausspannen und lecker essen

Astéras: bei den Athenern beliebt, aber recht teuer

AUSGEZEICHNETE STRANDBÄDER IN DER NÄHE VON ATHEN

Die vorgestellten Strände sind von Athen aus mit Bus oder Auto innerhalb einer Stunde zu erreichen. Alle wurden mit der „Blauen Flagge" der internationalen Umweltstiftung „Foundation of Environmental Education" ausgezeichnet

AVLÁKI
Porto Rafti

Baden unter Aufsicht vom Mai bis Ende Oktober möglich. Kioske, Kartentelefone, aber kein Sport- und Wassersport-Angebot, Tiere und Shampoonieren verboten.
tgl. 8-20 Uhr, an heißen Tagen bis Mitternacht; Eintritt: Kinder bis 4 J. frei, Erw. 4 €, erm. für Kinder und Senioren.

ASTÉRAS
Vouliagméni

Mit zwölf Euro Eintritt am Wochende der **teuerste Sandstrand** in Hauptstadtnähe, allerdings inklusive Liegestuhl-, Pool- und Restaurantbenutzung im gleichnamigen Hotel. Volleyball spielt man in Sichtweite von Tempelruinen. Viel Betrieb von Mitte Mai bis September. Eine Anzeige informiert über freie Liegestühle und Schirme. Segeln, Jet-Ski, Wasser-Ski und Paragliding möglich. Außerdem gibt's Bars, Rettungsschwimmer und medizinische Notfallversorgung.
tgl. 8-20 Uhr; Mo-Fr 8 €, Sa-So 12 €, Tel. (210) 890 20 00

BRÉKSIZA
Zoúmberi/Néa Mákri

Frei zugänglicher, sandiger **Stadtstrand,** nahe der Hauptstraße. Moped- und Fahrradverleih vor Ort, verschiedene Sportmöglichkeiten und behindertengerechte Einrichtungen.

LAGONISI 1-3
Kalyvion

Früher war die zum Teil felsige Bucht relativ unbekannt. 2002 schüttete man zusätzlich Sand auf, legte Holzwege an und stellte Rettungsschwimmer ein. Mittlerweile gehören zu der gut organisierten und behindertenfreundlichen Anlage auch ein **Wassersport-Zentrum** und ein Swimming-Pool.

EDEN THIMÁRI
Anávyssos

Von Kieselsteinen durchsetzter Sandstrand mit **altem Baumbestand,** direkt vor dem Hotel Eden. Aufgepasst: Das Wasser wird schon in Ufernähe sehr tief. Außer diversen Sportmöglichkeiten werden auch Mal- und Fotowettbewerbe angeboten.

SCHINIÁS
Marathónas

Schiniás bedeutet für die Athener: grüne Landschaft, Meer – und Rudern, im August 2004 sogar olympisch um Medaillen. Campingplatz, **Beach Bars** und der Strand stehen deshalb 2004 unter besonderer Kontrolle. Zu den Sportangeboten gehören Wasser-Aerobic und Fußball-Turniere. Wer ein wenig sucht, findet Abschnitte fern vom Rummel und dem Gebrause der Wasser-Scooter.

VÁRKIZA
Vári

Seit 2003 im Besitz der Grecotel-Kette, die dem feinsandigen Strand wahrscheinlich bald einen neuen Namen geben wird. Bis zum Sommer 2004 sollen Wasserrutsche, Beach-Bar, Oúzerien, Kino und Partyplätze fertiggestellt werden. Das Ziel: **ein Beach Park für Kinder und Erwachsene** – inklusive Sicherheitspersonal, das allzu wilde Strandsportler ermahnt.
tgl. 8-20 Uhr; Eintritt 3 € plus 3 € für Liegestuhl, Tel. (210) 897 24 34.

VOULA A
Voúla

Nicht zu verwechseln mit Voúla B. Voúla A umfasst **20 000 Quadratmeter** und ähnelt einem Sport- und Spaßpark, was ihn auch bei Familien mit kleinen Kindern sehr beliebt macht. Der Nachwuchs vergnügt sich auf der Wasserrutsche oder im sehr flachen Wasser, das sich bei Wind allerdings schnell trübt. Die mit Rasen und Blumenbeeten begrünte Anlage ist sehr gepflegt.
tgl. 7-21 Uhr; Erw. 3 €, Kinder 6-12 J. 1,50 €, Liegestuhl-Miete 3 €, freies Parken, Tel. (210) 895 96 32

Abseits der offiziellen Bäder liegt diese Bucht bei Vouliagméni

MERIAN

Die Lust am Reisen

PREMIUM SHOP

Angebote für Leser

In unserem Premium Shop bieten wir allen Lesern exklusive Highlights: Seltene MERIAN-Ausgaben aus unserem Archiv und einzigartige MERIAN-Sammlerstücke. Zusätzlich erhalten Sie ab einem Bestellwert von 25,00 Euro das „Best of MERIAN“ gratis dazu! Für Ihre Bestellungen verwenden Sie den Coupon auf Seite 99.

MERIAN **FAMILY**

WEGWEISEND

MERIAN pc scout

Planen Sie Ihre Reise am PC. Mit über 50.000 Empfehlungen von MERIAN finden Sie in Deutschland, Österreich, der Schweiz, Norditalien und dem Elsass immer das richtige Reiseziel. Inklusive aktuellen Stadtplänen, Routenplaner, 750 Golfplätzen und ADAC Verkehrsinfos. Preis: 25,95 Euro. **Kennwort: PCSCOUT**

UNENTBEHRLICH

MERIAN *kompass*

Der praktische Reise-Begleiter für unterwegs und am Ziel. Die drei neuesten Titel dieser praktischen Reihe können Sie hier bestellen. Sie kosten jeweils 6,50 Euro und haben zwischen 96 und 128 Seiten mit ca. 60 Farbfotos. Format: 9,5 x16 cm, Softcover mit Schutzeinband. **Kennwort: MERIAN kompass „Endlich Ferien“, „Olympische Spiele“, „Das neue Europa“**

JUBILÄUMSHEFT

Best of MERIAN

Ein Sammlerstück, das man nicht kaufen kann! Erleben Sie faszinierende Rückblicke in die Geschichte von MERIAN! Opulente Bildstrecken, faszinierende Reisereportagen, kluge und witzige Essays, einfühlsame Stadtporträts und engagierte Sozialfotografie. Blicken Sie hinter die Kulissen: Lesen Sie, wie das MERIAN-Magazin entsteht, oder wie sich MERIAN anhand von 654 Titeln im Wandel der Zeit zu Deutschlands großem Reisemagazin entwickelte. Zusätzlich beigelegt ist jedem „Best of MERIAN“ eine detallierte Deutschlandkarte im Posterformat von 52 x 73,5 cm. Ab einem Bestellwert von 25,00 Euro erhalten Sie das „Heft der Hefte“ kostenlos dazu. Für Ihre Bestellung verwenden Sie bitte die Postkarte auf Seite 99.

Interessante Einblicke für jeden MERIAN-Liebhaber: die Titelparade der letzten 50 Jahre. Dazu ein Blick hinter die Kulissen: wie MERIAN entsteht und wie sich MERIAN verändert hat.

MERIAN-ABONNEMENT

Lust auf ein **Abonnement**

Wenn Sie MERIAN abonnieren möchten, erhalten Sie 12 Ausgaben im Jahr für 76,40 Euro (Auslandspreise auf Anfrage) statt 90,00 Euro bei Einzelkauf. Nutzen Sie den Preisvorteil von 15 % und sichern Sie sich Ihr Dankeschön: einen der vier MERIAN *live* Reiseführer. Mit Quickfinder in den Klappen, den Attraktionen jeder Reise auf einen Blick und gewohnt exzellenter MERIAN-Kartografie. Für Ihre Bestellung eines MERIAN-Abonnements verwenden Sie bitte die Postkarte auf Seite 99.

Unser Dankeschön für Ihr Interesse:
Wahlweise die besten Reiseziele Deutschlands, Italiens, Spaniens oder Skandinaviens. Kompakte Reise-Tipps auf über 550 Seiten.

MERIAN-**RARITÄTEN**

Weitere MERIAN-**RARITÄTEN** erhalten Sie auf Anfrage unter Telefon **040/87 97 35 40**

Lust auf MERIAN-Geschichte

Für Sammler und Geschichtsliebhaber haben wir unser Archiv geöffnet und offerieren Ihnen hier seltene Kulturschätze aus über 50 Jahren MERIAN. Die Archivexemplare bieten wir nur noch in sehr begrenzter Stückzahl und so lange der Vorrat reicht.

ATHEN & ATTIKA
1958 **95,00 EUR**

AGÄISCHE INSELWELT
1961 **69,00 EUR**

KRETA
1963 **64,00 EUR**

PELEPONNES
1964 **60,00 EUR**

RHODOS, DODEKANES
1967 **59,00 EUR**

THESSALIEN
1969 **57,00 EUR**

MAKEDONIEN & ATHOSKLÖSTER
1972 **55,00 EUR**

ATHEN
1973 **55,00 EUR**

HISTORISCHE SAMMELSCHUBER **MERIAN**-Archiv!

Archivieren Sie Ihre MERIAN-Sammlung stilvoll und sicher in den exklusiven MERIAN-Sammelschubern aus Leder oder Leinen! Jeder Schuber bietet Platz für ca. 12 MERIAN-Ausgaben. Preise: Ausführung Leinen 10,00 Euro, Leder 22,00 Euro. **Kennwort: Schuber Leinen / Schuber Leder**

MERIAN

PREMIUM SHOP

Viele der Ausgaben von MERIAN sind in begrenzter Stückzahl noch verfügbar! Die jüngst erschienenen MERIAN-Titel (siehe Programm-Auflistung, rechts) kosten 7,50 Euro inkl. Porto und Versand (innerhalb Deutschlands). Bestellen Sie mit der gegenüberliegenden Postkarte oder im Internet unter www.merian.de. Außerdem erhalten Sie das lieferbare Programm von MERIAN in jeder gut sortierten Buchhandlung und solange der Vorrat reicht.

MERIAN *extra*

Die Reihe MERIAN *extra* widmet sich regelmäßig attraktiven Kultur-, Reise- und Freizeitthemen, die über das konzeptionelle Themenangebot des monographischen Hauptheftes hinausgehen. Dabei werden neue Facetten des jeweiligen Themas abwechslungsreich und unterhaltsam behandelt. Gewohnte MERIAN-Qualität bietet der Serviceteil mit ausführlichen Informationen, zahlreichen Empfehlungen, exklusiven Tipps und detaillierten Karten.

Ich möchte bestellen.
Bitte liefern Sie die Produkte an folgende Adresse:

Name / Vorname des Bestellers

Straße / Haus-Nr.

PLZ / Ort

Tel.-Nr. / E-Mail

Datum / Unterschrift ME 07/04

Rechnung abwarten – bitte keine Vorauszahlung leisten.
Die Lieferung erfolgt, innerhalb Deutschlands, porto- und versandkostenfrei. Auslandslieferungen auf Anfrage.

☐ **Mit der Zusendung von Informationsmaterial bin ich einverstanden.**

☐ **Ich habe den Bestellwert von 25,– Euro erreicht und erhalte „Best of MERIAN" als Dankeschön dazu.**

Bitte tragen Sie hier die Kennwörter, Anzahl und Preise ein:

Kennwort	Anzahl	Einzelpreis (Euro)	Gesamtpreis (Euro)
		Summe	

MERIAN Die Lust am Reisen

GUTSCHEIN

Lust auf Reisen?

MERIAN präsentiert zwölfmal jährlich ein lebensnahes und facettenreiches Porträt einer Stadt, einer Region oder eines Landes auf höchstem Niveau. Mit dem monatlich erscheinenden Magazin MERIAN erleben Sie einzigartige Bilder und packende Reportagen.

Das ist ein Geschenk für:

Die nächsten 12 Ausgaben sind ein Geschenk von:

Die Lieferung beginnt, sobald die unten stehende Abo-Postkarte ausgefüllt an den MERIAN Leserservice, Postfach 60 12 20, 22212 Hamburg eingegangen ist.

☐ **Ich abonniere MERIAN für mich selbst.**
☐ **Ich möchte ein MERIAN-Abonnement verschenken.**

Name / Vorname des Beschenkten

Straße / Haus-Nr. / PLZ / Ort

Tel.-Nr. / E-Mail

Die Rechnung und das umseitig angekreuzte Dankeschön gehen an: (Adresse bitte unten eintragen). Der Jahres-Abo-Preis für 12 Ausgaben MERIAN beträgt 76,40 Euro frei Haus (innerhalb Deutschlands; Auslandspreise auf Anfrage).

Name / Vorname des Bestellers

Straße / Haus-Nr. / PLZ / Ort

Tel.-Nr. / E-Mail

Gewünsche Zahlungsweise bitte ankreuzen:
☐ **Gegen Rechnung** (Bitte keine Vorauszahlung leisten) ☐ **Bankeinzug** (Bequem und bargeldlos)

Bankleitzahl Kontonummer

Geldinstitut

Datum / 1. Unterschrift

Vertrauensgarantie: Die Bestellung wird erst wirksam, wenn sie nicht binnen zwei Wochen schriftlich beim MERIAN-Leserservice, Postfach 60 12 20, 22212 Hamburg, widerrufen wird. Zur Wahrung der Frist genügt die rechtzeitige Absendung des Widerrufs. Dieses Angebot gilt nur in der Bundesrepublik Deutschland und solange der Vorrat reicht. Das Dankeschön darf ich auch bei Widerruf behalten. Die Kenntnisnahme dieser Hinweise bestätige ich durch meine zweite Unterschrift:

Datum / 2. Unterschrift ME 07/04 21983 / 21984

Ein MERIAN-Abonnement bietet Vorteile:

1. 15% Preisvorteil
Sie erhalten 12 Ausgaben zum Vorzugspreis von 76,40 Euro statt 90,00 Euro.

2. Service
Sie erhalten jede MERIAN-Ausgabe pünktlich frei Haus. Porto und Verpackung zahlen wir für Sie.

3. Vertrauensgarantie
Eine Bestellung wird erst wirksam, wenn sie nicht binnen 14 Tagen schriftlich beim MERIAN-Leserservice, Postfach 60 12 20, 22212 Hamburg, widerrufen wird. Zur Wahrung der Frist genügt die rechtzeitige Absendung des Widerrufs.

4. Geld-zurück-Garantie
Sie können Ihr Abonnement jederzeit kündigen und erhalten für gezahlte und noch nicht gelieferte Hefte natürlich Ihr Geld zurück.

Bestellen Sie einfach und bequem per

MERIAN-Leserservice
Postfach 60 12 20
22212 Hamburg

040 / 87 97 35 40

040 / 27 17 20 79

www.merian.de

Online geht die Reise los.

www.merian.de
Tausende von Reisezielen, Eventkalender, Reportagen, Tipps & Empfehlungen und weitere exklusive Angebote im MERIAN Premium Shop

MERIAN
Die Lust am Reisen

DAS MONOGRAPHIE-PROGRAMM 2004/2005

Ihre Bibliothek des Reisens

Wenn Sie MERIAN jetzt abonnieren, erhalten Sie mit den kommenden 12 Ausgaben die Welt von MERIAN frei Haus. Monat für Monat vervollständigt jedes Heft Ihre Bibliothek der Länder, Regionen und Städte.

MERIAN 07/2004

MERIAN 08/2004

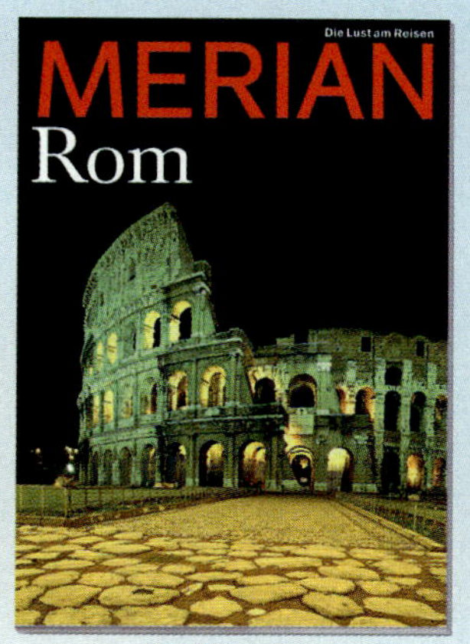

MERIAN 09/2004

MERIAN 10/2004

MERIAN 11/2004

MERIAN 12/2004

MERIAN 01/2005

MERIAN 02/2005

MERIAN 03/2005

MERIAN 04/2005

MERIAN 05/2005

MERIAN 06/2005

MERIAN ist das Synonym für Reisen und Kultur auf höchstem Niveau. Wertvolle Tipps und detailgetreue Kartographie erleichtern Ihre Reiseplanung und geben Ihnen neue Ideen und Ziele.

Seit 55 Jahren: Kein Programm ist so vielseitig und von bleibendem Wert wie MERIAN.

Epidauros und Mykene, nur zwei Autostunden von Athen entfernt, zogen schon die alten Griechen in ihren Bann. Wo Götter mit Tod und Leben spielten, hofften Sterbliche auf Heilung und Wunder. Eine Reise auf den Peloponnes

Magische

Architektonisches Meisterwerk: Um 1300 v. Chr. entstand das „Schatzhaus des Atreus" in Mykene. Manche glauben, dass König Agamemnon in dem gewaltigen Kuppelgrab bestattet wurde. Geschätzte 120 Tonnen wiegt allein der Türsturz über der knapp sechs Meter hohen Eingangstür

Text: Ariel Hauptmeier, Fotos: Marc-Oliver Schulz

Orte der Antike

Gute Sicht und bester Klang selbst auf den billigen Plätzen: 14 000 Besucher finden Platz im Amphitheater von Epidauros, das Anfang des 3. Jahrhunderts v. Chr. entstand

Das Kurbad der reichen Athener: Als Europa noch jung war, gab´s in Epidauros schon Wellness und Theater

Der Archäologe Spyros Petrounakos mit einem antiken Tischbein, gefunden in Epidauros

Nein, sagt Spyros Petrounakos, nie werde er diesen Tag vergessen. An dem geschah, wovon er immer geträumt hatte: Dass er etwas fand. Etwas Bedeutendes. Und dass er es ausgrub. Diesen Traum hatte er als Kind und während des Archäologie-Studiums. Und träumte ihn, als er nach Epidauros kam, um dort an einer Grabung teilzunehmen.

Epidauros, einst abgelegen, heute zwei Autostunden von Athen entfernt, war einer der wichtigsten Kurorte der Antike. Von dort aus verbreitete sich der Kult um Äskulap, den Gott der Heilkunst. Ausgesetzt auf dem Berg Titthion, dem Zitzenberg, so die Legende, säugte ihn eine Ziege, vom weisen Zentauren Cheiron erlernte er die Heilkunst. Noch Tote, so erzählte man, soll er zum Leben erweckt haben.

Sein Ruhm war damals grenzenlos. Von weither reisten Lahme, Kinderlose, Glatzköpfige oder Nervöse an, hoffend, dass ihnen Asklepios, so sein griechischer Name, im Traum erscheine und Heilung bringe. Man baute ein Gästehaus mit 160 Räumen, ein Amphitheater mit 14 000 Plätzen, ein 180 Meter langes Stadion und etliche Tempel. Sie liegen in Trümmern, geschleift von lang vergessenen Feinden, Sonne, Regen, Wind.

Am Rand der Trümmerlandschaft stand vor zwei Jahren Spyros Petrounakos in einem Graben und wischte sich den Schweiß von der Stirn. Es war elf Uhr morgens. Seit Wochen grub man ein Badehaus aus, errichtet in römischer Zeit, dann zusammengefallen und von der roten Erde gänzlich überdeckt. Man entfernte Schicht um Schicht, sondierte, zog Gräben. An jenem Morgen sah Petrounakos zufällig etwas Weißes, Rundes am Rande eines Grabens schimmern. Er bückte sich, zog daran, zog und zog und hielt plötzlich den weißen Kopf einer Göttin in der Hand. Rief die anderen. Die kamen, staunend erst, dann jubelnd, und am nächsten Tag haben alle ein großes Fest gefeiert.

„Es war eine Rosine", sagt Petrounakos und lacht, er sagt es auf deutsch, seine Mutter ist Österreicherin, er ein 29-jähriger, lockenmähniger Hüne in T-Shirt und Turnschuhen. „Zu 99 Prozent gräbt man als Archäologe heute alltägliche Dinge aus", sagt er, „aber natürlich träumt jeder vom großen Schatz. Genau wie damals, als Heinrich Schliemann Troja ausgrub." Petrounakos hatte Glück: Die Büste der Göttin entstammt einem der wichtigsten Tempel hier, bereits in der Antike zerstört und geplündert. Bald wird sie in Epidauros ausgestellt – einem der meistbesuchten Orte Griechenlands. Es gibt einen Busparkplatz, ein kleines Postamt, Würstchenbude und Café, an guten Tagen kommen Tausende hierher. Und doch liegt

Der Tempelhain von Epidauros: Die Verehrung des Heilgottes Asklepios führte hier zu einem frühzeitlichen Kurbetrieb

Der Urvater der Medizin: Statue des Asklepios im Museum von Epidauros

der Tempelhain, die eigentliche Attraktion, verlassen da. Warum? Weil sich fast alle nur für das Amphitheater interessieren. Es soll das schönste weit und breit sein, noch immer wird es für ein Sommerfestival genutzt. Tagsüber ist es in der Regel schwer belagert. Dann stehen in der runden Orchestra Schüler oder Lehrer, Alte oder Junge und deklamieren Verse, zerreißen Papier, flüstern oder lassen eine Münze fallen, um die perfekte Akustik zu testen. Ja, sie ist perfekt: Bis in die oberste Sitzreihe hört man jeden Laut. Das Theater spielt heute die Hauptrolle. Dabei war ihm eigentlich nur eine Nebenrolle zugedacht.

Im 4. Jahrhundert v. Chr. reiste ein Mann namens Hermodikos von den Dardanellen zur Kur an, denn er hatte ein Geschwür auf der Brust und seine Hände waren gelähmt. Die Ärzte wussten keinen Rat. Konnte ein Gott ihm helfen? Wochenlang war Hermodikos unterwegs, dann betrat er den heiligen Bezirk. Durchschritt das Eingangstor, die Propyläen, wusch sich, ging eine kleine Anhöhe hinauf und sah das prachtvolle Ensemble der Tempel vor sich ausgebreitet. Ein wundervoller Weg, noch heute.

Er erbrachte dem Gott ein Opfer. Und legte sich später, ganz in Weiß gekleidet, ins Abaton, den „unbetretbaren Ort". Schlief ein. Das Wunder geschah: Asklepios erschien und befahl ihm, einen so großen Stein wie möglich zum Abaton zu bringen. Hermodikos schleppte den Findling und – war geheilt. Hinterließ eine Notiz auf eben diesem Stein, um von seiner Genesung zu erzählen. Gut 2000 Jahre später entdeckte man den Findling. Er lag noch immer vor dem Abaton.

Wurde Hermodikos wirklich geheilt? Oder stammte die Inschrift von Priestern, die an den Kuren gut verdienten? Wohl nicht. Es war wohl die Summe der einzelnen Teile, die tatsächlich Heilung brachten, die Mischung aus Hokuspokus und Medizin. Göttliche Traumbotschaften und Suggestion einerseits, andererseits warme und kalte Bäder, Kräuter, Wandelgänge und Gymnastik. Dazu das Auflegen gelber Schlangen. Auch Haschisch wurde geraucht. Und Theater gespielt.

Wer damals zur Wellness-Kur nach Epidauros reiste, konnte es sich kaum leisten, nicht gesund zu werden. Die kostspielige Anfahrt, das teure Opfertier, das durfte nicht vergeblich sein. Dutzende Inschriften hat man gefunden, die Asklepios für seine Heilkunst preisen. Der Philosoph Diogenes hat bemerkt, es gäbe noch viel mehr Tafeln, hätten auch jene Kurgäste eine hinterlassen, die nicht geheilt wurden. Gewiss. Doch Epidauros wirkte. Sonst wäre es nicht so berühmt gewesen.

So mächtig wurde Asklepios, dass sich Hades, der Gott der Unterwelt, bei Bruder Zeus über ihn beschwerte. Zeus tötete den Heiler, um das Gleichgewicht von Tod und Leben wieder herzustellen. Doch Asklepios lebte weiter. Wurde zum Urvater der Medizin und zieht bis heute am Himmel seine Kreise, im Sternenbild des Schlangenträgers verewigt. Dabei hat es Asklepios nie gegeben. Er war ja nur eine Legende. Ein Traum. Aber er wirkte.

Die Reste der Ostmauer von Mykene mit einer kleinen Pforte. Warum die mykenische Kultur vor rund 3000 Jahren unterging, ist bis heute ein Rätsel

Die Burg von Mykene – ein schöner, aber auch schauriger Ort: Blutrünstige Dramen spielten sich hier vor Jahrtausenden ab

George Marangos wuchs in Mykene auf. Heute gehört ihm der Souvenirladen „Poseidon“

Ja, sagt George Marangos, ja, er liebe Mykene, diesen Ort, diese Burg auf diesem Hügel. Wo er als kleiner Junge gespielt hat. Wohin sie Schulausflüge machten. Wo er die ersten Küsse getauscht hat, wo er sein erstes Geld verdiente, bei einer Ausgrabung, 20 Drachmen am Tag bekam er damals, sieben Cent. Später lebte er lange in Australien und wurde nicht müde, an gewisse Vollmondnächte zu denken, im Gras zwischen den Ruinen. Und noch viel später, viel später, ist er mit seinen Enkeln auf der Burg spazieren gegangen.

George Marangos seufzt.

„Den Ort, wo du zuerst die Sonne gesehen hast, vergisst du nie“, sagt er. „Irgendwann habe ich es nicht mehr in Australien ausgehalten und bin zurück nach Mykene gekommen.“ 65 ist er, ein kleiner, quirliger, sonnengegerbter Mann, dessen Andenkenladen inzwischen seine Tochter leitet. Also hat Marangos Zeit, vor „Tzimis Place“ zu sitzen, ein Café, das früher ihm gehörte, als es noch „George's Place“ hieß. Marangos bestellt sich eine Cola. Er lacht viel. Dann und wann passiert ein Reisebus die Dorfstraße und windet sich hinauf zur Burg.

Auch Mykene gehört, genau wie Epidauros, zu den Pflichtübungen in klassischer Antike. Hier spielen blutrünstige Dramen, mit denen bis heute Schüler in aller Welt gequält werden. Agamemnon, so erzählen es die Dichter, opferte hier seine Tochter Iphigenie, seine Ehefrau erstach ihn dafür, woraufhin die Kinder Elektra und Orest die Mutter meuchelten, um den Vater zu sühnen. Kassandra, die Seherin, musste auch dran glauben, und Atreus setzte seinem Bruder dessen eigene Söhne zum Mahl vor. „Ein Menschenschlachthaus und ein Flur, mit Blut bespritzt“, schrieb Aischylos in der „Orestie“. Christa Wolf beschrieb, wie Kassandra durchs Löwentor ging, „ins Finstere. Ins Schlachthaus. Und allein.“

Literarische Figuren. Fantasie. Geschichten, zuerst von Homer erzählt und dann weitergesponnen, um die heldenhafte Vergangenheit nicht untergehen zu lassen, an echten Orten angesiedelt. Denn das antike Mykene ist real; das „Schatzhaus des Atreus“, wie Schliemann es getreu nach dem antiken Chronisten Pausanias nannte, ist das größte von insgesamt neun in Mykene entdeckten Kuppelgräbern. Ob Atreus überhaupt eine historische Gestalt war, ist umstritten, wahrscheinlicher scheint es, dass König Agamemnon oder ein anderer großer Herrscher hier bestattet wurde. Auch das Löwentor steht immer noch, nach über drei Jahrtausenden, seine Schwelle ist inzwischen blankpoliert von Millionen Schuhen, darunter auch jenen von Jean-Paul Sartre, Virginia Woolf, Erich Kästner und Henry Miller. Die Burg von Mykene ist ein Ort der Weltliteratur.

Dabei ist kaum noch etwas von ihr übrig. Hinter dem Löwentor betritt man ein weites, unübersichtliches Terrain, über das weiße Fels-

Der Felsengang zum geheimen Wasserspeicher, der Zisterne von Mykene, führt 101 Stufen in die Tiefe

Das Löwentor – seit drei Jahrtausenden der Eingang zum Burgberg. Eine schwere Reliefplatte dient als Entlastungsdreieck über dem Türsturz

Wer Mykene, diesen Ort der Fantasie erfühlen will, sollte einfach hinauswandern in die argolische Landschaft

brocken verstreut sind, nicht ein Gebäude steht noch. Jetzt braucht man einen guten Führer und viel Fantasie, um sich vorzustellen, wie es einst hier ausgesehen hat. Man folgt einem gewundenen Weg bergan, es war einst eine enge Gasse, und gelangt zum Kernstück des Palastes, dem Thronsaal, auch der nur noch ein Schutthaufen. Die Aussicht ist fantastisch: ringsum karge Berge, zu Füßen der Burg, die Homer als „verborgen im hintersten Winkel der Rosse nährenden Argolis" beschrieb und deren Ebene sich heute in eine riesige Orangenplantage verwandelt hat. Weit hinten glänzt das Meer.

Der Rundgang durch die Burg endet vor einem dunkel gähnenden Schlund, einem tiefen Felsengang zu einer Zisterne, die die Burg mit Wasser versorgte. Wer eine Taschenlampe hat, kann dort hinuntersteigen. Und spürt vielleicht im kalten Fels die einstige Gewalt der Burg. Ihre Macht, die sich auf Krieg und Handel gründete. Im 14. und 13 Jh. v. Chr. erreichte die mykenische Kultur ihren Höhepunkt, um 1250 v. Chr. begann der Niedergang. Da baute man die gewaltige, fast einen Kilometer lange Mauer, doch es war zu spät. 150 Jahre später war das Reich untergegangen, die Burg geschleift und es begann jene geschichtslose Epoche, die man das „dunkle Zeitalter" nennt.

Erst 1876 begann Mykene wieder zu strahlen. Der deutsche Kaufmann und Hobby-Archäologe Heinrich Schliemann, der Troja ausgegraben hatte, reiste an zu neuen Ruhmestaten. In wenigen Monaten grub er einen der größten Goldschätze des 19. Jahrhunderts aus. Vieles davon ist im Archäologischen Nationalmuseum in Athen zu besichtigen (siehe Seite 72). Einige Fundstücke sind in Mykene geblieben, ausgestellt im neu eröffneten Museum. Davor lungern Schüler, die offenbar keine Lust haben, sich drinnen von ihren Lehrern langweilen zu lassen. Es gibt einen Busparkplatz, ein Postamt, eine Würstchenbude. Meist krabbeln Hunderte Besucher über die Ruinen, man hört Japanisch, Griechisch, Deutsch, darin die Fetzen: Agamemnon! Klytämnestra! Wie kann man dem Tumult entgehen?

„Man sollte wandern", riet Henry Miller in seinem Reisebuch über Griechenland, „wandern, wie die Menschen des Altertums wanderten, und sein ganzes Ich vom Licht durchfluten lassen. Man sollte nicht mit dem Auto dahinrasen."

Und wirklich: Es wirkt. Einfach losgehen, einen der Feldwege hinauf oder hinunter. Durch Olivenhaine und Majoranbüsche, über Saum- und Trampelpfade, hinaus in die Stille der argolischen Landschaft. Die Burg wird kleiner, unschärfer. Und größer. Prachtvoller. Bis sie, weit, weit hinten, in voller Herrlichkeit aufragt. Diese Burg auf diesem Hügel, dieser Ort der Fantasie. □

Ariel Hauptmeier, *freier Journalist, war das erste Mal in Epidauros und Mykene. Mehr als die Bauwerke beeindruckten ihn die Mythen hinter den Steinen.*
Marc Oliver Schulz, *als Fotograf oft für MERIAN unterwegs, war fasziniert vom Schatzhaus des Atreus und der Macht der vergangenen mykenischen Kultur.*

MERIAN | TIPP Buch

Henry Miller, Der Koloß von Maroussi
Rowohlt Tb, 1997, *7,90 Euro*
Christa Wolf, Kassandra. Luchterhand, 2004, *7,50 Euro*
Heinrich Schliemann, Mykenae - Wissenschaftliche Buchgesellschaft, 1991, *16 Euro*
Im Internet:
Heinz Schmitz, Wenn Götter heilen.
Interessanter Beitrag über das Heiligtum des Asklepios in Epidaurus unter
www.mike-epidavros.com/asklepios.htm

>> weitere Buch-Tipps auf Seite 111

Zentrum einer geheimnisvollen Kultur: Modell der Burg von Mykene, vorn mit Löwentor, aus dem Heinrich-Schliemann-Museum in Ankershagen

MERIAN-Top Ten

1. Akropolis Überwältigendes Monument der griechischen Antike, frisch restauriert. Der Rundum-Blick über die Lichter der Stadt zieht abends verliebte Paare an.

2. Kolonáki Zwischen Parlament und Lykávittos erreichen Galerien, Boutiquen, Cafés und die Eleganz des Publikums Weltstadtniveau.

3. Monastiráki Nostalgisch anmutendes Viertel mit kleinen Läden, Werkstätten und Straßenhändlern.

4. Odeion des Herodes Attikus Das steile, nur während des Sommerfestivals zugängliche Freilufttheater vor antiker Kulisse ist erstklassig: Das gilt für die Aufführungen wie für die Akteure, die selbst von ganz oben hervorragend zu verstehen sind.

5. Nationalgarten Mit Palmen, altem Baumbestand, Ententeich und Café eine urwüchsige und noch dazu schattige Oase der Erholung inmitten des hektischen Treibens.

6. Museum Benaki Mit 450 Exponaten bleibt die Ausstellung überschaubar und bietet mit antiker, byzantinischer, volkskundlicher und handwerklicher Kunst des 19. Jahrhunderts trotzdem einen schönen Querschnitt.

7. Rembetiko-Nachtclubs Die besten Sängerinnen und Sänger des Landes treten von Mitternacht bis vier, fünf Uhr morgens auf. Ihre Begeisterung drücken die Gäste traditionell mit gestapelten Tellern aus, die Kellner während des Liedes auf den Bühnenboden schmettern.

8. Mikrolímano Im kleinsten und schönsten Hafen von Piräus treffen die Athener sich am Wochenende zum Fischessen mit Blick auf das Meer, Boote und Yachten.

9. Vouliagméni Der einzige Vorort an der Südküste mit salz- und schwefelhaltigen Heilquellen, zerklüfteten Buchten und von Kalkfelsen umgebenem Badesee. Sehr sauberer Strand.

10. Ägina Athener schätzen besonders die kurze Überfahrt von Piräus, die ländliche Atmosphäre und die Badestrände der Insel im Saronischen Golf.

Im Zeichen der Ringe: Die Olympischen Spiele sollen Athen auch bei den Besucherzahlen Rekorde bringen

Zwischen Antike und Avantgarde

Unterhalb der frisch restaurierten Akropolis-Säulen hat Athen mächtig aufgeholt und sich zu einer modernen Metropole entwickelt

Es kursieren viele Klischees über die Geburtsstätte der Demokratie. Manche von ihnen stimmen sogar: Die Straßenführung der stets in die Breite statt in die Höhe gewachsenen Hauptstadt wirkt verwirrend, der Lärmpegel liegt hoch, der Verkehr fließt zäh. Das mit Abstand größte Ballungszentrum Griechenlands, in dem rund ein Drittel der Gesamtbevölkerung lebt und arbeitet, ist noch immer unüberschaubar, laut und anstrengend. Das empfinden selbst die ca. 4 Millionen Bewohner des Großraums Athen so. Jeden Freitagnachmittag drängen viele ins attische Umland und auf die nahe liegenden Inseln.

Mit Athen warm zu werden, fällt schwer, denn der erste Blick vermittelt keinen sinnlichen Eindruck. Was die Stadt hinter ihren oft eintönigen Betonfassaden zu bieten hat, stimuliert dagegen sehr wohl die Sinne. Musik, Tanz, Theater, Film, Literatur, Mode-, Schmuck- und Möbeldesign erreichen vielfach internationales Niveau. Selbst die gehobene Gastronomie wird Besucher angenehm überraschen, deren Kenntnisse der Landesküche sich auf die völlig untypische Speisekarten-Auswahl griechischer Restaurants in Deutschland beschränken.

Gleiches gilt für die Infrastruktur und das Stadtbild. Drei Metrolinien, ein dichtes Busnetz, der internationale Flughafen in Spáta und zahlreiche neue Schnellstraßen haben nicht nur das Verkehrschaos geordnet, sondern auch die Luftqualität deutlich verbessert. Zudem wurden mehrere Straßen in Fußgängerzonen umgewandelt und Tausende junger Bäume gepflanzt. Vor den Olympischen Spielen, die im August 2004 in ihre Heimat zurückkehren, ließ Bürgermeisterin Dóra Bakojánni gleich noch diverse Altstadt-Viertel restaurieren, Häuserfassaden und zentrale Plätze wie den Omónia aufmöbeln und die Zahl der Fahrzeuge zur Straßenreinigung aufstocken.

In kaum einer anderen Stadt liegen die Extreme so dicht beieinander: Antike und Avantgarde, Flohmarkt und Nobelboutiquen, dörfliche Idylle und Weltstadt-Flair. Wenn es sich nicht gerade um ein Gyros-Zaziki-Retsina-Sirtaki-Angebot handelt, spricht nichts gegen einen organisierten Tagesausflug. Um die Stadt wirklich kennenzulernen, sollte man sich ihr jedoch besser auf die griechische Art nähern – gelassen, gefühlsbetont, spontan. Lassen Sie sich einfach treiben: vom wohlhabenden Vorort Maroússi im Norden bis hinunter in die Yachthäfen von Piräus; von den engen Monastiráki-Gassen über die romantischen Anafiótika-Häuschen zum eleganten Kolonáki-Viertel; von den mächtigen Säulen der Akropolis-Tempel in die Szene-Clubs von Psirrí; von der erotisch aufgeheizten Stimmung in einem Bouzouki-Nachtclub in die entspannende Atmosphäre eines Symphoniekonzertes in der Musikhalle Mégaron Mousikís. Athen hat sich in den vergangenen Jahren zu einer modernen und spannenden Metropole entwickelt, in der es viel Neues zu entdecken gibt!

Alle Texte des Service-Teils: Frank Hartmann

ANREISE

Mit Auto und Motorrad
Eine Alternative zur Balkan-Autobahn (Autoput) ist die Anreise über Italien mit einer Autofähre. Zur Einreise genügen der nationale Führer- und Kraftfahrzeugschein. Die Mitnahme einer internationalen grünen Versicherungskarte ist empfehlenswert. Die Strecke Pátras – Athen führt zum Teil über die mautpflichtige griechische Nationalstraße (Ethnikí Odós) und vor Athen über die neue Autobahn (Attikí Odós). Die Gebühr pro Teilstrecke beträgt 2 €. Die Promillegrenze liegt bei 0,5.

Mit der Fähre
Große Autofähren verbinden die italienischen Adriahäfen Venedig, Ancona, Bari, Brindisi und Triest mit Igoumenítsa und Pátras (Übersicht: **www.ferries.gr**). Die Überfahrt von Ancona bis Pátras dauert 19 bis 21 Stunden, ab Bari 15 bis 16 Stunden. Folgende Unternehmen bieten regelmäßige Verbindungen an:

Anek Lines, Hauptrepräsentanz: Ikon Reiseagentur, Schwanthalerstr. 31 80336 München
Tel. (089) 550 10 41
59 59 83, Fax 59 84 25
59 49 03
info@ikon-reiseagentur.de
www.anek.gr

Bluestar Ferries, Hermann-Lange-Str. 1, 23558 Lübeck,
Tel. (04 51) 88 00 61 66
Fax 88 00 61 29
www.bluestarferries.com

Superfast Ferries, Hermann-Lange-Str. 1, 23558 Lübeck,
Tel. (04 51) 88 00 61 66
Fax 88 00 61 29
info.germany@superfast.com
www.superfast.com

Minoan Lines, Agentur J. A. Reinecke, Jersbekerstr. 12,
22941 Bargteheide
Tel. (045 32) 20 55 14
Fax 225 66
minoan@jareinecke.de
www.jareinecke.de
www.minoan.gr

Mit dem Flugzeug
Der Flug Frankfurt/Main – Athen dauert etwa 2 Std. 45 Min. Linien mit Direkt-Verbindung: **Lufthansa** (von Frankfurt täglich, außerdem Düsseldorf und München)
Hotline: (01 80) 58 38 42 67
www.lufthansa.com

Germania Express (von Berlin, Hamburg, Hannover, Düsseldorf, München)
Tel. (05 11) 93 61 45
Fax 93 61 49 99
ExpressCallCenter (018 05) 73 71 00, www.gexx.de

Aegean Airlines (von Düsseldorf, Frankfurt, Stuttgart, München)
Tel. (069) 238 56 30
Fax 23 85 63 20
contact@aegeanair.com
www.aegean-airlines.gr

Olympic Airlines (von Berlin, Düsseldorf, Frankfurt, Stuttgart und München nach Athen)
Tel. (069) 97 06 70
Fax (069) 97 06 72 08
resfra@olympic-airways.de
www.olympicairlines.com

Mit der Bahn
Eine Bahnfahrt von Deutschland nach Athen dauert mindestens zwei Tage und ist in der Regel teurer als ein Flug. In Griechenland ist das Bahnfahren trotz neuer Züge nicht zu empfehlen: Das Streckennetz ist dünn, die Warteschlangen am Schalter sind lang, im Abteil ist tagsüber kaum ein Sitzplatz frei. Wer es dennoch ausprobieren möchte, sollte den Pelopónnisos- oder den Lárissa-Bahnhof ansteuern, die Athen mit dem Peloponnes, Chalkída und Nordgriechenland verbinden.

UNTERWEGS IN ATHEN

Bus
Das Linienbusnetz ist mit 7500 Haltestellen sehr gut ausgebaut. Wer am Flughafen Elefthérios Venizélos landet, findet am Ausgang der Ankunftshalle Expressbusse wie den E 96 nach Piräus (Fahrtzeit ca. 90 min.) und den E95 bis Syntagma im Athener Zentrum (ca. 70 min.). Die meisten fahren im 20-Minuten-Takt. Tickets (2,90 €) sind in kleinen Ticket-Häuschen oder beim Fahrer erhältlich, in Athen oft auch an Kiosken. **OASA (Innerstädtische Verkehrsbetriebe), Tel. (210) 883 60 76, www.oasa.gr**

INFO | INHALT

INFO | LEGENDE

Alle Adressen im Info-Magazin sind MERIAN-Empfehlungen.
In der Hochsaison (Juli-Sept.) liegen die Zimmerpreise bis zu 30, in Einzelfällen bis zu 50 Prozent über denen der Vor- und Nachsaison. Während der Olympischen Spiele betragen die Übernachtungskosten ein Vielfaches.
Preiskategorien Hotels (Hochsaison): € DZ unter 100 €, €€ DZ 100 bis 150 €, €€€ DZ 150-200 €, €€€€ DZ über 200 €.
Preiskategorien Restaurants (für ein Hauptgericht): € bis 12 €, €€ 12-20 €, €€€ 20-30 € und €€€€ über 30 €.
Alle Angaben in dieser Ausgabe Stand Mai 2004.

Die Planquadrate mit großen Lettern (A 3) beziehen sich auf die MERIAN-Karte (S. 131-133), die mit kleinen (b 2) auf den Umgebungsplan (S. 135). Eine Karte der Athener Umgebung sowie einen Metroplan finden Sie auf der Rückseite der Faltkarte.

INFO Service

Stadt und Land

Fläche. Mit 427 km² ist Athen so groß wie Bremen. Ohne das Meer zwischen den mehr als 3000 Inseln beträgt die Landfläche Griechenlands mit 131 957 km² etwas mehr als ein Drittel der deutschen.
Höchste Erhebungen: Der Parnes im Norden Athens reicht mit 1413 m fast an den Feldberg heran, der Akropolis-Hügel ist 156 Meter hoch.
Einwohner: Rund 4 Millionen in Athen und Piräus (10,9 Mio. in Griechenland), weitere 4 Mio. Griechen leben im Ausland, etwa die Hälfte davon in den USA.
Lebenserwartung (Griechenland): Frauen 81,6 Jahre, Männer 76,3.
Religionen (Griechenland): 97,6 % griechisch-orthodox, 1,3 % Moslems, 0,4 % katholisch, 0,1 % protestantisch, 0,6 % Sonstige.
Arbeitslosenquote (Griechenland): 9,9 % (2002)
Wirtschaftsstruktur (landesweit): Mit 7 % tragen Land- und Forstwirtschaft im EU-Vergleich einen hohen Anteil zur Wertschöpfung bei. Der Anteil des Industrie-Sektors (inklusive Bauwirtschaft) beträgt 23 %. Mit 70 % bildet der Dienstleistungssektor das Rückgrat der Wirtschaft. Mit 12,1 % bzw. 10,4 % (2002) beim Im- und Export ist Deutschland wichtigster Handelspartner. Bedeutendste Wirtschaftszweige sind die Schifffahrt (50 % der gesamten EU-Flotte) und der Tourismus (jährlich mehr als 14 Mio. Touristen, 70,4 % davon aus Europa).

Internet-Cafés

@rcade Stadíou 5
Bits & Bytes Akadimías 78
C@fé4U Ippókratous 44
Carousel Eftihídou 32
Info Café Solomoú & Bótasi 7
Internet Café Akadimías 87
Moc@fe Márni 49 & Veranzérou
Museum Internet Café Patisíon 46
Palladium Solomoú 56
QuickNet Café Gladstónos 4

MERIAN-orbit
Viel Platz ist da nicht mehr, zwischen dem Saronischen Golf im Süden und den Bergrücken im Westen und Osten Athens. Die wachsende Stadt stößt an ihre natürlichen Grenzen, knapp vier Millionen Menschen drängen sich im Großraum Athen. Da wirkt die attische Halbinsel hinunter bis Kap Soúnio nahezu unbesiedelt. Aber auch hier hat Athen bereits einen Claim abgesteckt: Der neue Flughafen ist auch aus 705 Kilometern Höhe auf dem Satellitenbild deutlich zu erkennen

Taxi

Die Fahrt mit einer der gelben Taxen vom Flughafen ins Zentrum dauert mindestens 20 min. und sollte höchstens 20 € kosten. In ganz Griechenland sind die Fahrer verpflichtet, den Fahrgast dorthin zu chauffieren, wohin er möchte – wenn er erstmal im Taxi sitzt! Besonders im Zentrum von Athen erwarten die Taxifahrer jedoch noch immer, dass man sie heranwinkt und ihnen den Stadtteil zuruft, um dann zu entscheiden, ob sie jemanden mitnehmen. Zudem sammeln sie gern mehrere Fahrgäste am Straßenrand ein. Also: Taxi ranwinken, einsteigen, dann das Fahrtziel nennen und das Zusteigen anderer Fahrgäste ablehnen.

DATEN | WETTER

Athen (Mittelwerte)	Jan.	Feb.	März	Apr.	Mai	Juni	Juli	Aug.	Sept.	Okt.	Nov.	Dez.
Tagestemperatur	13	14	15	20	25	30	33	33	29	24	19	15
Nachttemperatur	6	7	8	11	16	20	23	23	19	15	12	8
Sonnenstunden	4	5	6	8	9	11	12	12	9	7	5	4
Regentage	6	11	11	9	8	4	2	3	4	8	12	15

Die schönste Reisezeit für Athen sind die Übergangsmonate, also April bis Juni und der Herbst. Im Juli und August fliehen viele Athener vor der Hitze auf die Inseln, die Stadt ist dann ruhiger, aber oft auch ein Glutofen. Eine echte Alternative sind die Wintermonate: Stadt- und Sehenswürdigkeiten sind nicht überfüllt mit Touristen, Restaurants oft billiger.

Verhält der Fahrer sich unkorrekt, ohne Umschweife mit der Polizei (griechisch: *astynomía*) drohen. Auch das englische „police" versteht jeder. Die nervenschonende Alternative: **Athener Funktaxi-Zentralruf, Tel. (210) 921 79 42 und 643 34 00**

AUSKUNFT

In Deutschland

Griechische Tourismus-Organisation (EOT), Neue Mainzerstr. 22
60311 Frankfurt/Main
Tel. (069) 257 82 70
Fax 25 78 27 29
info@gzf-eot.de, www.gnto.gr

In Griechenland

(P 2) EOT-Zentrale
Tsoha 7 (gegenüber dem Pasteur-Institut), 11521 Athen,
Tel. (210) 870 70 00
info_desk@gnto.gr, www.gnto.gr
Hara Prokakis spricht fließend deutsch ihre Durchwahl: **(210) 870 73 73**

(K/L 4) EOT-Informationsbüro
am Syntagma-Platz mit mehrsprachigen Mitarbeitern, Leoforos Amalias 26a,
Tel. (210) 331 03 92, Fax 331 06 40
9-15.30 Uhr

Takt Tours Travel Services
Margit Meyer spricht deutsch, Leoforon Marathonas, 19005 Nea Makri (nordöstlich von Athen)
Tel. (229 40) 953 15, Fax 948 44
margit@takt.gr, www.takt.gr

BÜCHER

Olympiastadt Athen **Haselbauer, Torsten; Die Werkstatt, 2004, 16,90 €.** Die antiken Kultstätten von Athen, Delphi und Olympia und die Sportstätten 2004.

Olympische Spiele – MERIAN kompass **Travel House Media, 2004, 6,50 €.** Aktueller Guide zu den Olympischen Spielen.

Sorbas-Remake **Kondodimos, Kostas; Romiosini, 2001, 17,80 €.** Auf der Suche nach einem Hauptdarsteller für ein „Alexis Sorbas"-Remake erlebt die Protagonistin entgegen den alten Klischees ein modernes Griechenland.

Mein fantastischer Frisiersalon **Koumandareas, Menis; Hainholz, 2002, 21,50 €.** Episodenroman, in dem der Friseur seinen Kunden ihre Geschichten über das Leben entlockt.

Nachtfalter **Markaris, Petros; Diogenes, 2003, 11,90 €.** Kommissar Kostas Charitos, privat und beruflich aufgeriebener Anti-Held, löst Mordfälle in Athen.

National Geographic Walker Athen **Mairs Geographischer Verlag, 2003, 7,95 €.** Praktisch, mit aufklappbaren Straßenkarten.Verschiedene Touren zu Themen und Stadtteilen

Gebrauchsanweisung für Griechenland **Pristl, Martin; Piper, 2001, 12,90 €.** Liebevoll, aber doch mit spitzer Feder widmet der Autor sich den typischen Klischees über Land und Leute.

Athen & Attika **Schönrock, Dirk; Michael Müller, 2003. 15,90 €.** Praktischer und umfassender Reiseführer mit vielen Informationen, ausführlicher Geschichtsteil, außerdem interessante Beiträge zu Spezialitäten und Kuriositäten der Region.

Sechs Nächte auf der Akropolis **Seferis, Giorgos; Suhrkamp, 1995, 12,80 €.** Der Autor erhielt 1963 den Literatur-Nobelpreis, er gilt als Mitbegründer der modernen Lyrik in Griechenland.

Griechenland **Gallas, Klaus /Klemm, Ulf-Dieter; Theiss, 2003, 29,90 €** Begegnung mit Geschichte, Kultur und Menschen. Vermittelt viel Hintergrundwissen, großer Athen-Teil.

Kulinarische Liebschaften **Staikos, Andreas; List, 2003, 6,95 €.** Zwei Hobbyköche wetteifern mit Koch- und Liebeskünsten um die schöne Nana. Rezepte ergänzen das Lesevergnügen.

Griechenland, Athen & das Festland **Vis a Vis, Dorling Kindersley, 2001, 20,90 €.** Farbige Bilder, Grafiken und Zeichnungen machen Lust aufs Reisen.

Ich mach Euch den Garaus **Michalopoupou, Amanda, Akademie Schloss Solitude, 2002, 15 €.** Erzählungen, die gekonnt den Bogen von Sophokles bis zur kosmopolitischen Moderne spannen.

Athen – ein Neubeginn der Weltgeschichte **Meier, Christian, Siedler Verlag, 2004, 22 €.** Eine faszinierende und anschauliche Schilderung der Geschichte Athens.

MERIAN | TIPP

Insel-Hüpfen in der Saronikós-Bucht

Von der Saronikós-Bucht vor Piräus aus stechen nicht nur große Kreuzfahrtschiffe in See, sondern auch Fähren und schnelle Ausflugsboote, mit denen die schönsten Inseln der Umgebung, Ägina, Póros und Hydra, in rund einer Stunde zu erreichen sind. Der Preis pro Person für eine Tagestour mit Abfahrt vom Trocaderó-Terminal in Piräus liegt, einschließlich Mittagessen an Bord, um 80 €. Dafür bekommt man in wenigen Stunden sehr unterschiedliche Eindrücke geboten: Ägina mit dem Reliquien-Kloster des heiligen Nektários, der mittelalterlichen Siedlung Paleochóra und dem Aféa-Tempel aus dem 5. Jahrhundert v. Chr.; blühende Landschaften, Fichtenwälder und Zitronenbaum-Haine auf der kleinen Insel Póros; schicke blau-weiße Häuser und enge Gassen auf Hydra. Griechische Reisebüros mit deutscher Kundschaft empfehlen unter anderem folgenden Anbieter:

Olympic Hydraiki
(C 2) Akti Miaouli 87, Piräus
Tel. (210) 429 15 01
Fax 429 15 11
info@olympic-hydraiki.gr
www.olympic-hydraiki.gr

Insel-Trip: Den Hafen von Póros ereicht man von Athen aus in einer Stunde

Die Vorhalle des Erechteion auf der Nordseite der Akropolis ist mit sechs Säulen bestückt

ARCHÄOLOGISCHE STÄTTEN

(I 5) Akropolis

Die Bezeichnung Akropolis setzt sich aus den Wörtern *akros* (über) und *polis* (Stadt) zusammen. Sie ist nicht nur das Wahrzeichen der Stadt Athen, sondern auch das wichtigste Nationaldenkmal Griechenlands. 156 Meter über dem Meeresspiegel ragt das bebaute Felsplateau über die Millionenstadt und ist schon von weitem sichtbar. (> Siehe auch Akropolis-Report S. 32)
Tel. (210) 321 41 72
321 02 19, 322 46 25
Täglich von 8-19 Uhr
Eintritt: 12 €, Sen. 6 €, freier Eintritt für Ki. u. Stud. sowie So v. 1. Nov.-31. März und Okt.-Juni jeden 1. So des Monats. Das Ticket ist am selben Tag ebenfalls gültig für die Griechische und Römische Agora, das Dionysos-Theater, den Kerameikós-Friedhof und das Olympíeion.

(I 5) Beulé-Tor

Ursprünglich eine Vorbastion zu den Propyläen, ließ Kaiser Valerian das Eingangstor zur Akropolis im 3. Jh. n. Chr. errichten, also etwa 700 Jahre nach den anderen bis heute erhaltenen Gebäuden. Benannt wurde die Schutzmauer nach ihrem Ausgräber Beulé.

(C 2) Propyläen

Gewaltige Eingangshalle mit mächtigen dorischen und ionischen Säulenreihen, errichtet 437-432 v. Chr. aus Marmor des im Nordosten Athens gelegenen Pendéli. Auffallend: Entgegen der üblichen Bauweise wurden die Seitenflügel asymmetrisch angelegt. An Decken und Wänden schmückten Malereien die Propyläen.

(I 5) Nike-Tempel

Eleganter ionischer Tempel, gebaut in den Jahren 432 bis 421 v. Chr., geweiht der Göttin Athena Nike (Nike = Sieg). Innen befand sich ein Standbild mit einem Opfer-Altar davor. Im 17. Jh. von den Türken zerstört, wurde er Anfang des 19. Jh. neu aufgebaut und zu Beginn des 20. Jh. umgesetzt. Der Tempel wirkt neben den nahen Propyläen, dem imposanten Eingangstor zum Heiligtum, eher zierlich und steht auch architektonisch in großem Gegensatz zu dem monumentalen Bauwerk.

(I 5) Parthenon

Der Parthenon, das größte Bauwerk auf dem Felsplateau, wurde zwischen 447 und 438 v. Chr. erbaut. 432 v. Chr. waren auch die Arbeiten an den bildhauerischen Verzierungen abgeschlossen. Die Menschen weihten den Tempel, vielfach Synonym für die Akropolis, der jungfräulichen Beschützerin der Stadt, der Athena Parthenos.

(I 5) Erechtheion

Neben dem Parthenon der bekannteste Tempel der Akropolis. Das Erechtheion wurde während des Peloponnesischen Krieges in Kampfpausen zwischen 421 und 406 v. Chr. erbaut. Neben der Athene verehrte man hier auch den Meeresgott Poseidon und weitere Gottheiten, die um die Herrschaft über Athen wetteiferten. Athene siegte schließlich und gab der Stadt ihren Namen. Das Erscheinungsbild ist von jeder Seite anders. Vom Osten betrachtet, gleicht es einem Ionischen Tempel, vom Norden aus blickt man auf eine mit sechs Säulen bestückte Vorhalle. Die südliche Seite besteht aus einer Außenmauer und einem kleinen Vorbau, dessen Dach sechs Mädchen (Karyatiden) auf ihren Köpfen tragen.

(I 5) Dionysos-Theater

Hier wurden jährlich Theaterstücke und Tänze aufgeführt, sangen Chöre zu Ehren des Dionysos. Um 490 v. Chr. bestanden die Ränge noch aus Holz, um 330 v. Chr. ersetzte man sie durch steinerne Bänke. In der ersten Reihe standen Marmorsitze mit Armlehnen für die höchsten politischen Repräsentanten und die Priester. Unter den Römern kam noch ein Ehrensitz für den Kaiser hinzu. In den ursprünglich 64 Sitzreihen fanden bis zu 17 000 Zuschauer Platz.

(I 5) Stoá des Eumenes
Die Säulenhalle des Eumenes ist 163 Meter lang und führt vom Diónysos-Theater zum Odeíon. König Eumenes II. von Pérgamon ließ sie um 160 v. Chr. als Wandelweg für Theaterbesucher anlegen und schenkte sie der Stadt Athen.

(I 5) Asklipion
Das 28 Meter lange Heiligtum oberhalb der Stoá war dem Gesundheitsgott Asklipiós gewidmet und wurde 420 v. Chr. an einer Quelle gebaut. Erhalten sind nebenan auch Ruinen des neueren Asklipíons (4. Jh. v. Chr.), das sich auf halber Strecke zwischen dem alten Heiligtum und dem Dionysos-Theater befindet.

(H/I 5) Odeion des Herodes Atticus
Das nach Herodes Atticus benannte Theater ist berühmt für seine hervorragende Akustik. Der römische Konsul hatte es im 2. Jh. n. Chr. zum Gedenken an seine verstorbene Frau erbauen lassen und finanziert. Auf 35 steil ansteigenden Rängen aus Marmor saßen einst bis zu 5000 Zuschauer. Das dreistöckige Bühnenhaus mit Fenstern und Rundbögen blieb weitgehend erhalten. In den 50er Jahren musste das Theater dennoch teilweise restauriert werden. Heute dient es als historische Kulisse für Konzerte und Theateraufführungen während des Athen-Festivals und darf nur zu derartigen Anlässen betreten werden.

(H 5) Areopag
Auf dem etwas tiefer liegenden Felshügel nordwestlich der Akropolis tagte früher das Oberste Gericht, hier verkündete der Apostel Paulus 51 n. Chr. den Athenern die christliche Lehre. Über ausgetretene Steinstufen kann man den etwa 115 Meter hohen Hügel besteigen und den schönen Blick über die Stadt genießen.

(H 4/5) Griechische Agora
Mehr als 1000 Jahre lang war dieser Marktplatz nordwestlich der Akropolis das Zentrum des öffentlichen und geschäftlichen Lebens der Athener. Zu den bedeutenden Gebäuden zählt die Stoá des Attalos, errichtet unter König Attalos von Pérgamon (159-138 v. Chr.), die nach ihrer Wiederherstellung heute als Museum genutzt wird. Sie enthält interessante Funde aus dem Bereich der Agora (> siehe auch Agora-Report, S. 46)

(I 5) Turm der Winde
Der achteckige, fast 13 Meter hohe Uhrturm (um 40 v. Chr.) des Andronikos von Kyrrhos besteht aus Marmor. Am Pegel seiner Wasseruhr orientierte sich damals ganz Athen. Auf jeder der acht Seiten des Turms ist ein Fries mit der Darstellung eines anderen Windgottes angebracht, wodurch der Name entstand. Darunter zieren Sonnenuhren den Turm.
Römische Agora, Pláka
Tel. (210) 324 52 20
Tägl. außer Mo 8.30-15 Uhr

Der Turm der Winde ist der Blickfang in der Römischen Agora

FESTE UND FEIERN

Christós Anésti!

Karfreitag und die Auferstehung Christi feiern die Griechen mit Prozessionen und Feuerwerk

Ostern ist der höchste Feiertag der griechisch-orthodoxen Kirche und zu Ostern wird in Griechenland gefeiert, dass es – im Wortsinne – kracht.
Am **Karfreitag** erinnern große Prozessionen an die Grablegung Christi. In der Nacht von **Ostersamstag auf -sonntag** kommen die Gläubigen vor Mitternacht in den Kirchen zusammen. Sobald der Priester die Auferstehung verkündet hat (*Christós Anésti*) und die Glocken läuten, zündet er eine Kerze an. Dann reicht man die Flamme von Kerze zu Kerze weiter. In den Straßen werden Böllerschüsse abgefeuert und Feuerwerke abgebrannt – ein Spektakel, wie wir es in Deutschland allenfalls von Silvester kennen. Zum Brauchtum in den Familien gehört – neben dem Grillen eines Lamms oder eines Zickleins –, dass man hart gekochte, rot gefärbte Eier gegeneinander schlägt. Wer am Ende das Ei mit der härtesten Schale hat, darf sich glücklich schätzen. Da sich die orthodoxe Kirche am Julianischen Kalender orientiert, wird Ostern eine bis mehrere Wochen später gefeiert als in der katholischen oder evangelischen Kirche.

Karfreitagsprozession in der Athener Kirche Kanikaréa

Weitere wichtige Feiertage:

6. Januar: Heilige Drei Könige
Die sichtbare Ankunft Christi als Kind in der Krippe. Während der Wasserweihe wird ein Kreuz im Meer versenkt, nach dem zumeist junge Männer tauchen. Besonders viele Menschen beobachten das Ereignis in Piräus.
15. August: Mariä Entschlafung (Panagía)
Auch Panagía ist ein wichtiges religiöse Fest. Die Städte sind dann relativ verlassen, weil viele Griechen in ihre Heimatdörfer fahren. Im Mittelpunkt der Feierlichkeiten steht die Marienkirche auf der Kykladeninsel Tínos, wo Tausende von Menschen ein Gelübde einlösen oder Fürbitte leisten. Die Strenggläubigen rutschen vom Hafen aus auf Knien bis zur Kirche, um schließlich vor der Marien-Ikone eine Kerze anzuzünden.

SITE-SEEING

TEXT: PETER GLASER

Virtuelle Zeitreise

Im Internet werden Olympia, Akropolis und Agora zum Leben erweckt

Schon der Lyriker Pindar (522 oder 518 bis 446 v. Chr.) schlug höchste Töne an, um Athen zu loben: „O fruchtbare und violett gekrönte Stadt der Gottheit, berühmt im Gesang, Stütze von Hellas, namhaftes Athen." Einen prima Abriss der Stadtgeschichte, berühmte Athener und nicht zuletzt Sehenswürdigkeiten versammelt der Artikel aus der freien Enzyklopädie Wikipedia (**de.wikipedia.org/wiki/athen**). Ein gut bestücktes Verzeichnis zu kulinarischen Expeditionsmöglichkeiten, dem Nachtleben und was sonst so los ist in der griechischen Hauptstadt, findet sich unter **www.athensguide.gr**. Unter **home.arcor.de/atheneus/germanpage.html** finden sich neben einer Auswahl gut kommentierter Rundgänge und Fotos auch eine Link-Bibliothek. Das hellenische Kultusministerium hält auf seiner Website auch eine spezielle (englischsprachige) Suchmaschine für Veranstaltungen bereit **(www.cultureguide.gr/events/search.jsp).** Zu den Juwelen im Netz gehört Matt Barretts „Athens Survival Guide" **(www.athensguide.com)**, ein Füllhorn an praktischen Tipps („Was man isst, wie man dazu sagt und wie es aussieht"), Informationen zu Unterkünften und Fortbewegungsmitteln aller Art bis zu Hinweisen, wo man Kunst sehen, einkaufen oder zum Zahnarzt gehen kann, nebst opulenter digitaler Fotoalben. Neben der offiziellen Website **(www.athens 2004.com)** gibt es einige weitere Seiten zu den 28. Olympischen Spielen, etwa **www.athen-magazin.de** (mit Reisecenter und interaktivem Stadtplan, der Auskünfte zu berühmten Orten und zu Hotels erteilt), oder **minbar.cs.dartmouth.edu/greecom/olympics** (ein virtuelles Museum zur Geschichte der Olympischen Spiele, in dem man auch Experten um Auskunft ersuchen kann). Einen anderen „magischen" Stadtplan gibt's unter **www.culture.gr/ maps/sterea/attiki/athens.html.** Wer mit den Augen versuchsweise vorausreisen möchte, kann sich in den schönen Fotopanoramen unter **www.live-reisen.com/athen** fast schon fühlen wie vor Ort. Unter **www.greece-athens.com** kann man neben Fotos auch Videogalerien betrachten. Ziemlich frisch sind auch die Bilder von Webcams wie der im Athener Olympiastadion (**www.bung-ag.de/olympia.htm**) oder der Cultural Cam (**www.hellascams.gr/intropan.html**) auf dem Korai-Platz in Piräus, vor dem Stadttheater. Ohrenmenschen können unter **www.kykladen-inseln.de/radio.htm** Live-Radio hören, darunter ein gutes Dutzend Sender aus Athen.

Die römische Agora liegt mitten im Altstadtviertel Pláka

Blick vom Grabmal des Philopappos auf die Akropolis

(I 5) Römische Agora

Östlich der Griechischen grenzt die Römische Agora direkt an die Pláka, entstanden im 1. Jh. v. Chr. zu Regierungszeiten von Julius Cäsar und Kaiser Augustus. Viel kann man in dem Trümmerfeld nicht mehr erkennen. Ausnahmen: das große dorische Eingangstor der Göttin Athene im Westen und einige Säulen, die einst zu den Markthallen gehörten.

(I 4) Bibliothek des Hadrian

Die Bibliothek befindet sich südlich des Monastiráki-Platzes und wurde um 132 n. Chr. unter Kaiser Hadrian erbaut, der die Stadtgrenze nach Osten erweitern ließ. 412 n. Chr. integrierte man den Bau in eine römische Befestigungsmauer. Einst umschlossen 100 Säulen die Bibliothek, die 120 mal 80 Meter maß. Heute steht davon nur noch ein Teil.
Tel. (210) 322 97 40

(G/H 4) Kerameikós

Der von Mitarbeitern des Deutschen Archäologischen Instituts ausgegrabene Friedhof gehört zu den wenigen ausgedehnten Grünflächen der Hauptstadt. Die ältesten Funde reichen bis in das 12. Jh. v. Chr. zurück. Der Name des Friedhofs leitet sich übrigens von den Keramikwerkstätten ab, die sich damals in unmittelbarer Nachbarschaft befanden.
Ermoú 148, Tel. (210) 346 35 52
Tägl. 8-19 Uhr, Einzelticket 2 €, Stud. u. Sen. 1 €, Ki. frei

(K 5) Lysikrátous-Denkmal

Das Denkmal wurde 334 v. Chr. zu Ehren des Lysikrátous erbaut, mit dessen finanzieller Unterstützung ein Chor den Wettbewerb im Dionysos-Theater gewonnen hatte. Wo früher ein 6,5 Meter hoher, runder Tempel stand, soll Diogénes in seiner Tonne gewohnt und gelehrt haben. Daher wird das Denkmal auch Fanári Diogéni (Laterne des Diogénes) genannt.
Tripodon, Pláka

(H 6) Grabmal des Philopappos

Viele kleine Wege und Pfade führen hinauf zum Philopappos-Hügel gegenüber der Akropolis, auf die man von hier oben, wie auch über die attische Ebene, einen wundervollen Ausblick hat. Das reliefartige Grabdenkmal des syrischen Prinzen in römischen Diensten, Gaius Julius Antiochos Philopappos, entstand zwischen 114 und 116 n. Chr. und erinnert an diesen Gönner und Wohltäter Athens.

(H 5) Pnyx

Auf dem 110 Meter hohen Hügel nördlich des Philopáppous tagte zwischen dem 6. und 4. Jh. v. Chr. die Athener Volksversammlung, *ekklesía* genannt. Um einen rechtskräftigen Beschluss zu fassen, mussten mindestens 6000 Bürger der Stadt abstimmen. Ebenfalls hier entschied das Scherbengericht mit Tonscherben als Stimmzettel über Politiker-Karrieren, von denen einige mit zehnjähriger Verbannung endeten. Erhalten blieben die in Fels gehauene Rednertribüne und eine zwölf Meter breite Treppe.

Unweit der Tribüne sieht man Reste eines kleinen Fundamentes, auf dem im 5. Jh. v. Chr. eine Sonnenuhr stand. Ihr Erfinder Meton ermittelte damals bereits die Kalenderdauer eines Jahres: Mit 365 5/19 Tagen errechnete er sie bis auf eine halbe Stunde genau.
Mo 12-19 Uhr, Di-So 8-19 Uhr
Freier Zugang

(K 5/6) Hadriansbogen

Aufgrund einer Inschrift galt er lange Zeit als Grenze der alten „Stadt des Théseus“ und der „Stadt des Hadrian“. Der Hadrians-Bogen steht unweit des Olympíeions und ist frei zugänglich, auch wenn er nur von einer Seite betrachtet werden kann. Der Triumphbogen wurde 131/132 n. Chr. erbaut und nach dem römischen Kaiser Hadrian benannt. Das Bauwerk ist 18 Meter hoch und sechs Meter breit.

(K 6) Tempel des Olympischen Zeus

Das Olympíeion, der größte Tempel Griechenlands im korinthischen Stil, ist bekannter unter dem Namen Tempel des Olympischen Zeus. Er liegt in der Nähe des Hadriansbogen und übertraf in seinen Ausmaßen (Grundfläche: 95 mal 40 Meter) sogar den Parthenon auf der Akropolis. Von den ehemals 104 korinthischen Säulen stehen heute noch 15.
Vas. Olgas, Tel. (210) 922 63 30
Tägl. 8-19 Uhr, 2 €, 1 € für Sen. und Stud., für Ki. frei

Der Nationalgarten ist eine tropische Oase der Ruhe im Zentrum Athens

NEUZEIT

(L 4) Syntagma

Syntagma, der quadratische, zentral gelegene Platz der Verfassung, repräsentiert auch wegen der nahe gelegenen Botschaften das politische Zentrum der Hauptstadt. An seiner östlichen Seite befindet sich das ehemalige Schloss der Könige, in dem seit 1933 das Parlament ebenso seinen Sitz hat wie der griechische Staatspräsident.
Vor dem Parlament, an der Gedenkstätte des Unbekannten Soldaten, halten die Evzonen in historischen Trachten Ehrenwache und leisten zu jeder halben und vollen Stunde zeremonielle Schrittfolge, die Wachablösung erfolgt zu jeder vollen Stunde. Sonntags um 11 Uhr tritt die gesamte Palastwache an.

(L 5) Nationalgarten

Die grüne Lunge, gleich neben dem Parlament, ist ein wichtiges Biotop der Stadt. Amalía, die Frau von König Otto I., ließ eigens 15 000 Bäume aus Italien kommen, um den Garten anzulegen. Dazu Palmen und Agaven, um alles nach dem Vorbild englischer Gärten anordnen zu lassen. Der aus Dessau stammende Gartenbauarchitekt Friedrich Schmidt hatte die Aufsicht über die Anpflanzungen. Heute ähnelt die Anlage eher einem wild wuchernden Dschungel, erfüllt aber ihre Funktion als Schatten spendende Oase der Ruhe im belebten Zentrum. Wegen des schönen Cafés am Ausgang Irodoú Attikoú, des Ententeiches und des kleinen Kinderspielplatzes verbringen Athener Familien hier gern den späten Nachmittag.
Syntagma/Amalías
Tägl. von morgens bis Sonnenuntergang, freier Zugang

(L 5) Záppeion

Das 1888 fertiggestellte, halbrunde Gebäude an der Südseite des Nationalgartens nutzen verschiedene Behörden. Auch Ausstellungen und Kongresse finden darin statt. 1979 wurde hier Griechenlands Beitritt zur Europäischen Gemeinschaft mit den Unterschriften unter die Urkunde vollendet. Umgeben ist es von einem gleichnamigen, sehr gepflegten Park mit Springbrunnen.
Freier Zugang zum Park

(O 2) Panathenäisches Stadion

Das alte Olympiastadion, auch Panathenaikon genannt, wurde für die ersten Spiele der Neuzeit 1896 erbaut. Errichtet hatte man es aus schneeweiß glänzendem Pendéli-Marmor. An derselben Stelle, wo sich auch das antike Stadion aus dem

Piräus

Der wichtigste Hafen Griechenlands, Heimat einer der weltweit größten Handelsflotten, liegt geschützt im innersten Winkel des Saronischen Golfes. Piräus war der größte Hafen des Altertums und gehört noch heute zu den bedeutendsten Häfen des Mittelmeeres. Die Stadt Piräus hat etwa eine halbe Million Einwohner. Sie ist schon lange mit Athen zusammengewachsen, hat sich aber in vielerlei Hinsicht ihre Unabhängigkeit bewahrt, zum Beispiel mit dem jährlichen Veákio-Festival auf dem Kastélla-Hügel. Im Veákio-Theater, das dem von Epidauros ähnelt, treten jeden Sommer Volkstanz- und Musikgruppen auf. Außerdem bekannt: das Karaiskáki-Stadion an der Straße Karaolí Dimitríou des Fußball-Erstligisten und zigfachen griechischen Meisters Olympiakós Pireás. Was Athen-Besucher vor allem anzieht, sind jedoch die Ausflugsboote am Zentralhafen Kentrikó Limáni sowie die beiden kleineren Yacht- und Fischerhäfen Mikrolímano und Zéa Marína/ Pasalimáni mit ihren vielen Fischtavernen, die sich an den Uferpromenaden aneinander reihen.

4. Jh. v. Chr. befunden hatte. Das Stadion fasst rund 60 000 Zuschauer, bei den Olympischen Spielen 2004 sollen die Marathonläufer hier ins Ziel laufen.
Tel. (210) 325 17 44

(K 5) Pláka

Unterhalb der Akropolis breitet sich das älteste Stadtviertel Athens aus. Außer einer Vielzahl antiker Denkmäler finden sich hier auch einige der ältesten und schönsten Kirchen der Stadt. Enge, labyrinthartige Gassen, niedrige Häuser und alte Tavernen bilden einen schönen Kontrast zu stattlichen Herrenhäusern, Designergeschäften und modernen Nachtclubs. (> Siehe auch Seite 52)

ihren Sitz und stellen weitere sehenswerte Beispiele klassizistischer Architektur dar.
El. Venizélos Av. 12
Tel. Museum (210) 364 37 74
Di-So 8.30-15 Uhr
3 €, Sen. u. Stud. 2 €, Ki. frei

(M/N 3) Lykavittós

Der grüne Lykavittós-Hügel erhebt sich am höchsten über die Athener Innenstadt. Sehenswert sind die weiße Kirche Ágios Geórgios sowie das etwas tiefer gelegene Theater. Am leichtesten erreicht man den Gipfel mit einer Zahnradbahn, Taxi oder Bus. Wer fit genug ist, schafft den Aufstieg auch auf einem steilen Fußpfad, im Sommer allerdings schnell ein Schweiß treibender Ausflug.

Grandios: das Benaki Museum, hier der Hermes von Alkemenes

(I 4) Monastiráki

Verniedlichungsform des Wortes Monastíri (Kloster). Im 10. oder 11. Jahrhundert entstand hier ein großes Frauenkloster, von dem heute nur noch die dreischiffige Kirche Pantánassa übrig ist. Das Viertel beherbergt die meisten Antiquitätenläden, Geschäfte für Volkskunst und Werkstätten. Unzählige Straßenhändler und die Tsistarákis-Moschee verleihen ihm einen orientalischen Einschlag. Bekannt ist Monastiráki außerdem durch seinen Flohmarkt, der gleich neben der Metrostation beginnt.

(K 4) Ilíou Mélathron

Das Wohnhaus des berühmten Archäologen Heinrich Schliemann an der Panepistímiou beherbergt heute das Numismatische Museum. An der gleichen Straße haben die Akademie, die Universität und die Nationalbibliothek

MUSEEN

(K 1) Archäologisches Nationalmuseum

Erstmals 1889 eröffnet, zeigt das Haus heute Funde aus allen Teilen der griechischen Vergangenheit, vom Neolithikum bis zu den letzten Jahren der römischen Zeit und gehört damit zu den wichtigsten Museen in ganz Griechenland (> siehe auch Seite 72).
Tel. (210) 821 77 17, 821 77 24
Di-Do 8.30-15, Fr-So 8-19 Uhr, 15. Juli-15. Sept. 2004 bis 22 Uhr, Eintritt: 6 €, Stud. und Sen. 3 €, Kinder frei

(I 5) Akropolis-Museum

Griechenlands ältestes Museum, eingeweiht 1874 nach neunjähriger Bauzeit. Ausgestellt sind hauptsächlich archaische und klassische Funde aus dem Bezirk der Akropolis, das Museum ergänzt damit die Stücke des Archäologischen Nationalmuseums. Zu sehen sind u.a. Skulpturen, Giebel und Friese der verschiedenen Akropolis-Tempel, die damit vor Umweltbelastungen geschützt werden. Zu den wichtigsten Exponaten zählen der Moschophoros (Kalbträger), Teile des Parthenon-Frieses und die Originale der Karyatiden-Statuen.
Tel. (210) 323 66 65
Mo 11-19, Di-So 8-19 Uhr
Eintritt: 12 € bzw. 6 € für Stud. u. Sen. (Kombi-Ticket für Akropolis, Antike Agora, Kerameikós, Olympíeion und Dionysos-Theater).
Wird der Neubau südlich der Akropolis (Makrigiáni 2-4) in den nächsten Jahren fertiggestellt, sollen alle Exponate in das neue Museum überführt werden.

(G 4) Kerameikós-Museum

Das archäologische Kerameikós-Museum wurde im Jahr 1937 erbaut und ist auch unter dem Namen seines Stifters Gustav Oberländer bekannt. Es befindet sich am Ausgrabungsgelände des antiken Friedhofs und gibt einen Einblick in Grabsitten, -schmuck und -beigaben vom 12. Jh. v. Chr. bis ins 3. Jh. n. Chr.
Ermoú 148, Tel. (210) 346 35 52
Di-So 7.30-19 Uhr

(M 4) Byzantinisches und Christliches Museum

Gegründet in der 30er-Jahren. Die Sammlung von der frühchristlichen bis zur nachbyzantinischen Epoche umfasst Skulpturen, Mosaike, Plastiken,

Ausflugsziel: die Ágios Geórgios-Kirche auf dem Lykavittós-Hügel

Star-Jockey: Im Saal 21 des Archäologischen Nationalmuseums zieht die rund 2150 Jahre alte Skulptur des reitenden Knaben die meisten Blicke auf sich

Ikonen und Schmuckstücke sowie Fragmente zerstörter Kirchen.
Vas. Sophías 22
Tel. (210) 721 10 27, 723 21 78
Di-So 8.30-15 Uhr, Eintritt: 4 €, Stud. u. Sen. 2 €, Kinder frei

(L/M 4) Benaki Museum

Antonis Benaki gründete das nach ihm benannte Museum 1931. Die Ausstellungsstücke stammen aus prähistorischer, hellenistischer und römischer Epoche, die jüngeren Exponate sind in der Zeit zwischen dem frühen Mittelalter und dem 19. Jh. entstanden. Zu sehen sind Gemälde, Skulpturen, Kunstgegenstände, Ikonen und Schmuck. Bücher und ein Fotoarchiv runden das Angebot ab.
Koumbári 1 / Vas. Sofías
Tel. (210) 367 10 00
www.benaki.gr
Mo, Mi, Fr u. Sa 9-17 Uhr, Do 9-24 Uhr, So 9-15 Uhr, Eintritt: 6 €, für temporäre Ausstellungen 3 €, Ermäßigung für Sen., Kinder u. Stud.

(K 4) Historisches Nationalmuseum

Hier tagten bis in die 30er-Jahre des 20. Jahrhunderts die königlichen Abgeordneten. Die aus Büsten, Gemälden, Waffen, Schriftstücken, Flaggen, Möbeln und Trachten bestehende Sammlung ist streng chronologisch aufgebaut. Sehr gut lässt sich die Entwicklung vom Fall Konstantinopels im 15. Jh. bis zum Zweiten Weltkrieg verfolgen. Getragen wird das Museum von der „Historischen und Ethnologischen Gesellschaft Griechenlands", die ihren Sitz im gleichen Gebäude hat.
Stádiou 13, Tel. (210) 323 76 17 oder (210) 322 22 66
Di-So 9-14 Uhr, Eintritt: 3 € (So frei)

(K 4) Museum der Stadt Athen

Der Sammler Lambrós Eftaxías gründete das Museum 1973. Es befindet sich in einem 1833 gebauten Gebäude, in dem König Otto I. und Gemahlin von 1836 bis 1842 residierten. Die auf drei Etagen verteilte Sammlung enthält Pläne, Modelle, Dokumente, Gemälde und Fotos zur Stadtgeschichte.
Paparigopoúlou 7
Tel. (210) 324 61 64
Tägl. außer Di 10-14 Uhr 5 € (Studenten 3 €)

(M 4) Museum für Kykladische Kunst

Das Museum für Kykladische Kunst wurde 1986 eröffnet. Es beherbergt eine der wertvollsten Sammlungen der bronzezeitlichen Kykladenkultur. Zu den wichtigsten Ausstellungsstücken zählen die Kykladische Statuette und der Weiße Lekythos.
Neofitou Douka 4
Tel. (210) 72 28 32 13
www.cycladic-m.gr
Mo, Mi, Do, Fr 10-16, Sa 10-15 Uhr, Eintritt: 3,50 €, Stud. 1,80 €

(K 5) Dóra-Strátou-Stiftung

Dóra Strátou war eine begnadete Tänzerin, die einen großen Teil ihres Lebens dem griechischen Volkstanz gewidmet hat. Auch nach ihrem Tod 1988 blieb das von ihr gegründete Ensemble zusammen und behauptete sich als wichtiger Vertreter der Volkstanz-Szene. Im Gebäude der Dóra-Strátou-Stiftung können Besucher rund 3000 Trachten und Schmuck aus allen Landesteilen besichtigen. Vorträge und Tanzkurse runden in den Sommermonaten das Angebot ab.
Scholeío 8, Tel. (210) 324 43 95

MERIAN | TIPP

(c 2) Kloster Kaisarianí
Das einzigartige Kloster aus dem 11. Jh. liegt im östlichen Athener Vorort Kaisarianí, ganz romantisch zwischen Pinien, Platanen und Zypressen. Das byzantinische Bauwerk ist ein nationales Kulturgut und ein beliebtes Ausflugsziel für Athener. Die Kreuzkuppelkirche schmücken Wandmalereien der Kretischen Schule, während der ebenfalls bemalte Vorraum (Narthex) erst im 17. Jh. hinzukam. Sehenswert sind die aus verschiedenen Epochen stammenden Fresken im Kircheninneren. Leider nicht zu besichtigen ist das byzantinische Bad aus dem 11. Jahrhundert, dafür entschädigt ein Rundgang über den gepflasterten Innenhof mit seinen üppigen Blumenbeeten und einer ionischen Säule vor dem Kircheneingang. Das Kloster ist heute in Staatsbesitz, Messen werden nur noch am Karfreitag und am Totensonntag abgehalten.
Tel. (210) 723 66 19
Mo 12-19 Uhr, Di-So 8-19 Uhr
Eintritt: 2€, Senioren und Studenten 1 €, Kinder frei

AUSFLÜGE

Attika Nord

(b 1) Parnes
Höchster Berg Attikas (Óros Párnitha), der gute Möglichkeiten für Bergtouren bietet. Der Gipfel liegt inmitten eines Nationalparks und Wintersportgebiets. Flora und Fauna des Naherholungsgebietes sind sehr vielfältig. Unter den mehr als 800 Tierarten (allein 120 Vogelarten) befinden sich Schakale, Dachse, Marder und Raubvögel. Eine Seilbahn führt von Metóchi bis zum Luxushotel Mont Parnes, in dem sich ein Kasino befindet.

(b 1) Amfiaríon
Tempelstätte des Halbgottes Amfiaráos, dem hellseherische und heilende Fähigkeiten zugeschrieben wurden. Der Ort war früher ein Heilzentrum, wo man fastete, Wasser aus einer heiligen Quelle trank und sich gesund schlief. Die Ruinen stehen in einer Waldsenke zwischen den Orten Kálamos und Oropós. In einem kleinen Museum kann man Inschriften, Statuen und Marmorteile des Tempels betrachten.
Oropos, Tel. (229 50) 621 44
Mo 12-19, Di-So 8-19 Uhr, Eintritt: 2 €, Sen./Stud. 1 €, Ki. frei

Die großen Propyläen im Kulturheiligtum von Elefsína

Attika Ost

(c 2-3) Weinorte
Koropí, Markópoulo, Peanía und Palíni sind 15 bis 30 km von Athen entfernte Orte, die mitten in Attika liegen. Aus ihren Weinreben entsteht der in großen, geharzten Holzfässern gereifte Retsina. Den kräftig schmeckenden, bernsteinfarbenen Wein bekommt man allerdings nicht in jeder Taverne, da er bei ausländischen Gästen beliebter ist als bei den Griechen.

(c 2) Tropfsteinhöhle von Koutouki
1926 entdeckt, in der Nähe von Peanía, 23 km außerhalb Athens. Die Höhle besteht aus einem Hauptraum mit vielen Unterteilungen. Besonders schön sind die Gebilde aus zusammentreffenden Stalaktiten und Stalagmiten.
Tel. (210) 664 21 08
Tägl. 9-16.30 Uhr

(d 3) Vravróna
Die Ausgrabungsstätte von Vavróna liegt 36 km östlich von Athen an der Küste zwischen Rafína und Porto Ráfti. Die heilige Stätte war der Göttin Ártemis geweiht. Von der Halle stehen noch einige dorische Säulen, ein kleines Museum zeigt auch Funde aus anderen Ausgrabungen in Attika.
Mo 12-19, Di-So 8-19, Museum: Di-So 8.30-15 Uhr, Eintritt: 3€, Sen. u. Stud. 2 €, Kinder frei

(c 1) Marathon
Der gestaute Marathon-See, den man leider nicht umrunden kann, versorgt Athen mit Wasser. Berühmt wurde der kleine Ort allerdings durch die Schlacht von Marathon 490 v. Chr. Die Griechen siegten hier über die Perser. Philippídis, ein Athener Soldat, legte die gesamte Strecke von Marathon nach Athen in voller Rüstung laufend zurück. Nachdem er die frohe Kunde („Wir haben gesiegt") überbracht hatte, brach er vor Erschöpfung tot zusammen. Heute erinnern eine Ausgrabungsstätte mit dem Grabhügel der gefallenen Soldaten und ein Museum mit Exponaten aus Marathon und Umgebung an die gewaltige Schlacht.
Museum: Plataion 114
Vranas/Marathón
Tel. (229 40) 551 55
Tägl. außer Mo 8.30-15 Uhr
3 €, Sen. u. Stud. 2 €, Kinder frei

(d 1) Rhamnoús
Als antike Festungsstadt war Rhamnoús früher von großer Bedeutung, da es den Schiffsverkehr im Golf von Euböa kontrollierte. Für Besucher interessant ist vor allem der Tempel aus dem 5. Jh. v. Chr., der als einziges Némesis-Heiligtum in Griechenland gilt. In der Ausführung ähnelt der Bau dem Hephaistos-Tempel in Athen und dem Poseidon-Tempel in Soúnio. Erhalten geblieben sind die Fundamente sowie mehrere Säulenstümpfe.
Kato Souli, Tel. (229 40) 634 77
Mo 12.30-19, Di-So 8-19 Uhr
Eintritt: 2€, Sen. u. Stud. 1€
Kinder frei

Attika West

(b 2) Kloster Dáfne
1990 nahm die UNESCO das von einer Festungsmauer umgebene Kloster Dáfne in die Liste des Weltkulturerbes auf. Das Kloster liegt 11 km westlich von Athen in der Nähe der Nationalstraße nach Korinth. Der ältere Bau aus dem 6. Jh. n. Chr. wurde im 11. Jh. ersetzt. Weit über die Region hinaus berühmt machten es seine einzigartigen Mosaiken, die Szenen aus dem Leben Christi darstellen.
Athinón Av., Tel. (210) 581 15 58
Eintritt: 3 €, Sen. u. Stud.2 €
Kinder frei

(a 2) Elefsína
Die Industriestadt Elefsína birgt eine bedeutende Ausgrabungsstätte des antiken Eleusis, 23 km vom Athener Zentrum entfernt. Die heilige Stätte war der Göttin Démeter geweiht. Ein Museum zeigt Fundstücke aus Eleusis und Umgebung.
Tel. (210) 554 60 19
Mo 12-19, Di-So 8-19 Uhr
Eintritt: 3 €, Senioren und Studenten 2 €, Kinder frei

> Ausflug nach Epidauros und Mykene, siehe Seite 100.

>> Die Planquadrate mit kleinen Lettern (c 2) bziehen sich auf die Umgebungskarte im Faltplan

HEUER & SACHSE

MERIAN | TIPP

Wie die alten Griechen

Große Fackeln hinter stimmungsvoll ausgeleuchteten Torbögen weisen den Weg zu einem mehr als 100 Jahre alten Steingebäude bei Kerameikós. Im Sommer speist man hier im Restaurant Archaíon Géfsis unter freiem Himmel an rustikalen Tischen. Die Bedienung trägt Toga, Sandalen und einen Efeu-Kranz im Haar, das Essen wird in Tonkrügen und Steingut-Schalen serviert. Wie vor 2500 Jahren, als 20 000 Athener über 40 000 Sklaven geboten, wird ohne Gabel gegessen, sondern mit Messer, Löffel – und mit der Hand. Die Zubereitung der Speisen, so will es die Philosophie der Eigentümer, beruht auf einem antiken Rezeptbuch. Darin sind z.B. enthalten: geräucherter Aal mit Spargel und Oregano, Ziegenschenkel mit Püree aus Kichererbsen und Knoblauch, Lammrippen in Grill-Zucchini, gefülltes Spanferkel, dazu Honig-Wein. Gitarren- und Flötenmusik sowie Spiele und Rätsel in geselliger Runde ergänzen die kulinarische Zeitreise.

(H 2) **Archaíon Géfsis**
Kodratou 22, Metaxourgio/ Kerameikós, Tel. (210) 523 96 61
Epidavrou 10, Kastella, Piräus
Tel. (210) 413 86 17
Tägl. geöffn. zum Mittagessen u. abends, So. geschl. €€€

Antikes Ambiente im Archaíon Géfsis

Im 19. Jahrhundert königlicher Reitstall, heute ein beliebtes Restaurant mit Club und Galerie: das Stavlos in Thissio

KAFFEEHÄUSER

(L 5) **Aigli**
Ein Hauch von Luxus, schöner Blick von der Terrasse auf die Akropolis, leckere Sandwiches.
Zappion, Tel. (210) 336 93 63
Tägl. 9-2 Uhr €

(M 4) **Da Capo**
Stets gut besuchter Treffpunkt der Athener Kaffeeliebhaber.
Tsakalof 1, Kolonáki
Tel. (210) 360 24 97 €

(I 4) **Eolis**
Kunstvoll eingerichtet, direkt gegenüber einer kleinen Kirche an der Fußgängerzone Ermou.
Eolou 23, Monastiráki
Tel. (210) 331 28 39
Tägl. 10-2 Uhr €

(I 5) **Klepsydra**
Ruhig gelegen, Terrasse mit Zitronenbäumen und Blumen, Veranda und Leseraum im englischen Stil.
Thrassivoulou 9, Pláka
Tel. (210) 321 87 26
Tägl. 10-23 Uhr €

(H 4) **Kouti**
Von der Terrasse am Ende der Agora aus kann man sehr schön den Monastiráki-Rummel beobachten.
Adrianou 23, Monastiráki
Tel. (210) 321 32 29
Tägl. 12-2 Uhr €

(I 2) **Neon**
Landhaus-Stil der 20er-Jahre, sehr populär, mehrere Filialen, Eiscremes und Desserts.
Omónia/Dorou
Tel. (210) 522 32 01
Bis 2 Uhr €

(K 1) **Select**
Ältestes und bekanntestes Kaffeehaus in einem der belebtesten Viertel der Stadt.
Fokionos Negri 26, Kypseli
Tel. (210) 821 86 81 €

(G 4) **Stavlos**
Im 19. Jahrhundert königlicher Reitstall, jetzt Teil eines beliebten Komplexes mit Restaurant, Galerie und Club.
Iraklidon 10, Thissio
Tel. (210) 345 25 02
Tägl. 9-3 Uhr €

SOUVLAKIA & GYROS

Die typische Imbissbude ist klein, die Bedienung schnell, das Essen billig. Der Spieß mit Fleischstückchen, klein wie Zuckerwürfel, heißt Souvláki, Schnetzelfleisch Gyros.

(I 4) **Savvas**
Neben Fleischspieß und Gyros ist sehr das Kebab mit Joghurt zu empfehlen.
Mitropoleos
Ecke Monastiráki-Platz
Tägl. 11-2 Uhr €

(I 4) **Sigalas-Bairaktaris**
Der Familienbetrieb bietet neben Grillgerichten auch hausgemachte, gekochte Gerichte an.
Monastiráki-Platz 2
Tägl. geöffnet €

(I 4) **Thanassis**
Für seine Souvlákia und Kebabs genau so bekannt wie sein Erzrivale Savvas gegenüber.
Mitropoleos, Monastiráki
Tägl. 11-2 Uhr €

MEZZEDOPOLIA UND OUZERIEN

Mezédes sind kleine Spezialitäten wie gefüllte Pepperoni, gebackene Käsebällchen (scharf) oder gegrillte Sardinen. Ouzo trinken Griechen fast nur zu Meeresfrüchten.

(K 5) **Apotsos**
Gehobenes Niveau. Beliebter Treffpunkt von Politikern, Künstlern und Journalisten, die sich hier zu Vorspeisen wie Muscheln, Baby-Oktopus und Pferdebohnen in Dill treffen.
Kidathineon 21, Pláka
Tel. (210) 322 66 71 €€€

(K 2) **Athinaikon**
Klassische Ouzerie mit Marmortischen und dunklem Holz. Gerahmte Andenken erinnern an die gute alte Zeit.
Themistokleous 2, Omónia
Tel. (210) 383 84 85
Tägl. 11.30-0.30 Uhr
So geschl. €€

(M 4) **Kafenio**
Eine Mischung aus Ouzerie und Kaffeehaus. Institution in Kolonáki. Gutes Essen, buntes Publikum.
Loukianou 26, Kolonáki

>> Die Planquadrate mit kleinen Lettern (c 2) bziehen sich auf die Umgebungskarte im Faltplan

Tel. (210) 722 90 56
Mo-Sa 12-24 Uhr €€

(K 5) **Kouklis**
Stimmungsvolle Ouzerie. Die in Ouzo flambierten Landwürste (*Loukaniká flambé*) sind unübertroffen.
Tripodon 14, Pláka
Tel. (210) 324 76 05 €€

(H/I 4) **Zeidoron**
Mit leckeren Vorspeisen mitten im In-Viertel Psirrí gelegen, ein guter Platz, um eine Abendtour zu starten.
Taki 10 / Ag. Anargyron 17
Psirrí, Tel. (210) 321 53 68
Tägl. 12-2 Uhr €€

FISCHTAVERNEN

Eine Psarotavérna ist ein schlichtes Lokal mit ein paar Fischgerichten. Aber darauf ist kein Verlass: Auch Restaurants mit reicher Auswahl und hohen Preisen nennen sich so.

(A 1) **Kollias**
Das Restaurant liegt etwas abseits, aber für die ausgezeichneten Hauptgerichte lohnt sich der Besuch. Reservierung empfehlenswert.
Stratigou Plastira 3, Piräus
Tel. (210) 462 96 20
Mo-Sa nur abends, Sonntagabend wird früh geschl. €€€

(E 2) **Mikrolímano**
Im kleinsten und schönsten Hafen von Piräus reihen sich 22 Restaurants aneinander, die täglich frischen Fisch anbieten. In den Sommermonaten unterhalten Musiker die Gäste. Meeresfrüchte-Kenner empfehlen:
Aglamer, Tel. (210) 411 55 11
Kuyu & Kaplanis
Tel. (210) 411 16 23
Zephyros, Tel. (210) 417 51 52
Varoulko, Akti Mikrolímano
Tel (210) 411 20 43
Tägl. 12-24 Uhr €€€

(C 1) **O Kapetanios**
Versteckt gelegen, aber immer voll. In der familiengeführten Taverne mit eigenem Boot gibt es fangfrischen Fisch. Unbedingt probieren: die Fischsuppe.
Tenedou 4, Piräus
Tel. (210) 420 65 39 €€€

(H 7) **Thalassinos**
Umfangreiche Auswahl an leckeren Vorspeisen. Als Hauptgericht sehr zu empfehlen: gegrillter Fisch.
Lysikratous 32, Tzitzifies-Kalithéa, Tel. (210) 940 45 18
Mo geschl., So nur mittags onst 20-1 Uhr €€€

(P 6) **Trata O Stelios**
Den Fisch, der fangfrisch auf dem Grill landet, kaufen die Eigentümer direkt von den Booten der Fischer.
Anagenniseos Square 7-9
Kaisariani,
Tel. (210) 729 15 33
Tägl. mittags u. abends €€€

Gyros genießen bei Sigalas-Bairaktaris

Kaffeekunde

Ein traditionelles Kafeníon, ist leicht zu erkennen: Es ist spärlich eingerichtet und es sitzen dort nur Männer. Die schlürfen vorzugsweise Mokka, der zusammen mit einem Glas Wasser serviert wird. Der Mokka ist ein Relikt aus der Zeit der Türkenherrschaft. Doch kein Grieche nennt ihn Mokka, sondern stets **Kafé ellinikó**, griechischen Kaffee. Beliebt ist auch schaumig gerührter löslicher Kaffee, für den es nur ein Synonym gibt: Nescafé, abgekürzt **Nés**. Oft ist der Nés lauwarm. Wünscht man ihn heiß, sollte man *polí sestó* (heiß) bestellen. Gefilterter Kaffee ist nicht überall erhältlich. Wenn doch, dann heißt er **Kafé fíltro** oder **Kafé galikó**. Bei der Bestellung teilt man mit, ob man seinen Kaffee schwarz (*skéto*), leicht gesüßt (*métrio*), sehr süß (*glykó*) und mit Milch (*me gála*) wünscht, denn meist wird der Kaffee komplett zubereitet serviert.

MERIAN | TIPP

Exportschlager Ouzo

Die Hellenen trinken den aromatischen Schnaps am liebsten pur. Aber nicht ex, sondern in kleinen Schlucken, vor allem zu Oktopus und Muscheln. Mit Wasser verdünnt, lässt er sich außerdem eisgekühlt als Longdrink genießen. Seine Erfolgsgeschichte verdankt das griechische Nationalgetränk mit bis zu 46 Prozent Alkohol einer aromatisch duftenden Pflanze – und griechischen Weinbauern, die im 15. Jh. in Kleinasien siedelten und dort *rakizídes* hießen, weil sie aus getrockneten Weinbeeren hochprozentigen Rakí brannten, den sie mit 80 bis 100 Gramm Anis-Samen pro Liter

Aperitif, Digestif oder Longdrink – Ouzo geht immer

aromatisierten. Bekannt war das weiß blühende Doldengewächs Pimpinella Anisum auch als Tee, Gewürz und Heilpflanze. Nachdem die findigen Griechen den zwei- bis dreifach destillierten Branntwein außer mit Zimt, Ingwer und Fenchel auch mit Anis würzten, begann der weltweite Siegeszug der Spirituose. Bereits im 19. Jh. war das Getränk im Ausland sehr gefragt. Besonders den Franzosen gefiel der ungewöhnliche Geschmack und sie bestellten große Mengen. Schiffe lieferten die Ware in die Hafenstadt Marseille – in Holzkisten mit der italienischen Aufschrift „Uso di Massilia" (Uso = für den Gebrauch). So entstand der heute weltweit bekannte Name Ouzo. Den besten Ouzo, sagen Kenner, brennt man auf der Insel Lésbos. Als Spitzen-Destillen gelten „Eva", „Mini Epom", „Plomari" und „Vetoin".

Am Mikrolímano in Piräus gibt es die besten Fischrestaurants

TAVERNEN

In Tavernen isst man traditioneller und günstiger als in aufwändig dekorierten Restaurants. Die Auswahl beschränkt sich auf zehn bis 15 Speisen, die der Kellner aufzählt, statt eine Karte zu bringen.

(H 4) Evripos & (I 4) Protogenous

Beiden Tavernen in Psirrí gemeinsam ist die klassische Hausmacher-Küche mit Fleisch, viel Gemüse und Salat sowie die tägliche Livemusik.
Evripos, **Navarchou Apostoli 3**
Tel. (210) 323 13 51
Tägl. 13-2 Uhr
Protogenous, **Protogenous 10**
Tel. (210) 322 86 58
Di-Sa 12.30-2, So 12-20 Uhr
Mo geschl. €€

(N 3/4) Filipou

Gerichte, die einen guten Einblick in die Athener Hausmacher-Küche vermitteln.
Xenokratous 19, Kolonáki
Tel. (210) 721 63 90
Mo-Fr 13-17, 20.30-24 Uhr
Sa nur mittags, So geschl. €€

(K 1) Kostoyiannis

Häufig bestellt: Krabbensalat, gefüllte Miesmuscheln, Hasenbraten mit Zwiebeln (*stifádo*).
Zaimi 37, Pedion Areos, hinter dem Archäologischen Museum
Tel. (210) 821 24 96
Nur abends, So geschl. €€

(F 4) Mamacas

Das Gebäude dieser Taverne der gehobenen Klasse war früher ein Lagerhaus für Fässer. Am Wochenende gut besucht, besser reservieren!
Persephonis 41, Gazi
Tel. (210) 346 49 84
Tägl. von 14-2 Uhr €€€

(I 5) Psaras

Gutbürgerliches Essen. Traditionelle Musik am späteren Abend, im Sommer sitzt man draußen in einem hübschen Garten.
Erecthios 16, Pláka
Tel. (210) 321 87 33
Tägl. 11.30-2 Uhr €€

(M/N 3) Rodia Taverna

Die Karaffe mit Hauswein wird serviert, bevor man das Essen bestellt. Besonders lecker sind die *dolmades*, Röllchen aus Weinblättern, gefüllt mit einer saftigen Reisfüllung.
Aristipou 44
Tel. (210) 722 98 83 €€

(K 3) Saita

Steile Stufen führen hinab zu dieser im Souterrain versteckten Taverne. Spezialitäten sind lokale Weine vom Fass, selbst gebrannter Schnaps und gebackene Fischchen.
Panepistimiou 10, Omónia
Tel. (210) 363 70 46 €€

(I 6) Strofi

Freundlicher Service. Abends toller Blick vom Dachgarten auf die beleuchtete Akropolis.
Robertou Galli 25
Tel. (210) 921 41 30
Kein Mittagstisch, So geschl. €€

(I 3/4) Taverna tou Psirrí

Zwei Speiseräume befinden sich innen, im Sommer sitzt man besser draußen. Besitzer Manólis betätigt sich auch als Küchen-Chef.
Eschilou 12, Psirrí
Tel. (210) 321 49 23
Tägl. 10-1 Uhr €€

(K 5) Taverna Xynos

Klassische Taverne seit 1930. Gitarrenmusik und Wein vom Fass, schöner Garten, freundliche Bedienung.
Angelou Geronda 4, Pláka
Tel. (210) 322 10 65
Mo-Sa 19.30-0.30 Uhr,
So geschl. €€

(K 5) Tsekouras

Die beiden Markenzeichen des Hauses sind ein beleuchteter Feigenbaum mitten im Speiseraum und ein abnehmbares Dach für warme Sommerabende. Unbedingt probieren: Retsina vom Fass, Krautroulade und *stifádo* vom Rind mit Zwiebel-Tomaten-Zimt-Soße.
Tripodon 3, Pláka
Tel. (210) 323 37 10 €€

(P 2/3) Vlassis

In dieser Familientaverne wird alles unaufgefordert auf großen Tabletts an die Tische gebracht. Als Gast zeigt man einfach mit dem Finger auf das gewünschte Gericht.
Pasteur 8, Mavili-Platz
Tel. (210) 646 30 60
Tägl. von 13-15 und
21-1.30 Uhr €€€

RESTAURANTS

Einrichtung, Bedienung und Zubereitung der Speisen sind weniger traditionell, haben dafür aber ein höheres Niveau. Auch die Auswahl an Hauptspeisen und Getränken ist größer als in der Taverne, das schlägt sich allerdings auch in den Preisen nieder.

(N 2/3) Dionysos Zonar's

Köstlich speisen mit einem tollem Ausblick auf die Akropolis und auf Piräus.
Lykavittos-Hügel
Tel. (210) 923 31 83 €€€

Beliebt: der traditionelle griechische Bauernsalat

(I 6) Edodi
Neoklassisches Gebäude. Kaum zehn Tische, an denen man die griechische Haute Cuisine probieren kann – etwa mit Kräutern gefüllten Lammschenkel in hochprozentiger Raki-Sauce.
Veikou 80, Koukakki
Tel. (210) 921 30 13
Nur abends, So geschl. €€€€

(N 3) Eleni
Gutes Beispiel für gelungene Kombination aus geschmackvoller Einrichtung und gutbürgerlicher Küche.
Anapiron Polemou 4-6
Kolonáki, Tel. (210) 721 88 68
Mittags bis 13.30 Uhr, Sa u. So auch nachmittags, So abends geschl. €€€

(M 2) Kallisti
Dreimal als bestes griechisches Restaurant nominiert, gekocht wird mit organischen Produkten, die Karte ändert sich je nach Saison. Außerdem gibt's Themenmenüs: Mo und Di zypriotisch, Do und Fr süditalienisch. Gäste unter 25 Jahre essen mittwochs und samstags ein Drittel billiger.
Asklipiou 137, Neápoli
Tel. (210) 645 31 79
Tägl. geöffn. €€€

(L 6/7) Myrtia
Athen-Besuchern kaum bekannte kulinarische Top-Adresse. Hier genießen Politiker und Prominente z. B. Krabben, Räucherlachs und Lammgerichte. Frühzeitig reservieren.

Das Psaras in der Pláka: ein schöner Garten, gutes Essen und abends Musik

(L/M 4) Gerofinikas
Angesagtes Abendlokal mit Dschungelhütten-Ambiente, bald 50 Jahre alt, griechische und türkische Rezepte, guter Service.
Pindarou 10, Kolonáki
Tel. (210) 362 27 19
Tägl. 12-1 Uhr €€€

(K 3) Ideal
Dieses Art-déco-Restaurant gehört zu den ältesten im Zentrum. Täglich wechselnde Angebote. Spezialität: Mettröllchen mit Ouzo und Kümmel (*Tsoutsoukákia Smyrnaiká*).
Panepistimiou 46, Omónia
Tel. (210) 330 30 00
Mo-Sa 12-2 Uhr, So geschl. €€

(M 6) Kallimarmaron
Gemütliches, kleines Juwel mit kreativen Menüs. Die Angebot an hausgemachten Gerichten orientiert sich an saisonal erhältlichen Zutaten.
Efornios 13, Pangráti
Tel. (210) 701 97 27
Di-Sa 14-15.30 u. 18-2.30 Uhr
So u. Mo geschl. €€€

Trivoniánou 32-34, Méts/Pangráti
Tel. (210) 701 22 76 €€€€

(I 6) Socrates Prison
Viel freundlicher und gemütlicher als der Name vermuten lässt. Spezialitäten des Hauses: Über Holzkohle gegrilltes Hähnchen, frischer Schwertfisch, Schweine- und Lammgerichte.
Mitseon 20, Makrigianni
Nähe Akropolis
Tel. (210) 922 34 34
So geschl. €€€

(N/O 2) 48 The Restaurant
Schickes Restaurant in einer ehemaligen Fabrik, die auf 270 Quadratmetern zu einem architektonisch anspruchsvollen Galerie-Komplex für zeitgenössische Kunst mit angegliedertem Buchladen umgebaut wurde.
Armatolon/Klefton 48
Ambelókipi
Tel. (210) 641 10 82
Tägl. mittags u. abends
So geschl. €€€€

MERIAN | TIPP

Segelurlaub
Wegen ihrer vielen Häfen sind die Küsten Attikas ein beliebtes Segelrevier, beispielsweise für Törns nach Euböa (griech.: Évia), auf die Kykladen im Osten oder auch im Saronischen Golf im Westen. Zudem veranstalten regionale Segelclubs jedes Jahr überall in Griechenland Regatten. Über die Fremdenverkehrszentrale (GNTO bzw. EOT) ist die Broschüre „Segeln in der griechischen See" erhältlich. Sie listet unter anderem die Häfen mit Liegeplätzen und Versorgungseinrichtungen für Yachten sowie Charterfirmen auf, die vor allem in Piräus und Athen vertreten sind. Darunter:

(C 3) A1 Yacht Trade Consortium
Akti Themistokleous 8
Marina Zeas, Piräus
Tel. (210) 458 71 00
(K 5) Ghiolman Yachts
Filelinon 7, Syntagma
Tel. (210) 323 03 30
(C 1) Nava Yachts
Loudovikou Square 6, Piräus
Tel. (210) 985 94 00
(E 1) Vernicos Yachts,
Posidonos 11, Kalamaki
Tel. (210) 985 01 22
In Athen kann man sich auch direkt an die griechische Seglervereinigung wenden:
(E 1) Hellenic Sailing Federation, Posidonos Av. 51
Tel. (210) 940 48 25, www.eio.gr

Hart am Wind: Segelregatta im Saronischen Golf

BERG- UND WANDERTOUREN

Der griechische Bergsteigerverein E.O.S. unterhält Büros in vielen Städten und Bergregionen und betreibt zahlreiche Schutzhütten. Empfehlenswerte Wanderkarten gibt der griechische Verlag „Road Editions" heraus. Die Karten sind auch über den deutschen Buchhandel zu beziehen.
(K 3) Road-Edition-Buchladen
Ipokrátous 39, Metro-Haltestelle Panepistimio, www.road.de

Programme und Informationen für jeden, der sich für das Wandern interessiert, bieten die folgenden Organisationen:
(L 4) Hellenic Federation of Mountaineering and Climbing
Milióni 3, Kolonáki, Athen
Tel. (210) 364 59 04
Fax 364 46 87
(K 3) Federation of Greek Excursion Clubs, Dragatsaniou 4
Metro Panepistimio
Tel. (210) 323 41 07

Beratung und Kletterunterricht vom Spezialisten: Griechenlands Kletterexperte Áris Theodorópoulos geht mit Schülern auf Tour.
Tel. (210) 246 15 28

Wander-Infos im Netz:
www.oreivatein.com

GOLF

Von den gerade mal sechs Golfplätzen des Landes befindet sich nur einer in Attika – eine gepflegte 18-Loch-Anlage in Glyfáda bei Athen mit einem schön eingerichteten Clubhaus.
(b 3) Golf Club Glyfáda
Pronois & Evlimenis, Glyfáda
Tel. (210) 894 68 20
www.glyfadagolf.gr
Mo 13 Uhr bis Dämmerung, Di-So 7.30 Uhr bis Dämmerung; Wochentags 70 €, Wochenende 82 €

OUTDOOR

Mehrere griechische Veranstalter bieten organisierte Outdooraktivitäten wie River Rafting, Trekking und Klettern an.
(M 5) Scoutway, Ptolemón 1
östlich des Nationalgartens in Athen, Tel. (210) 729 91 11
Fax 729 91 15
www.scoutway.gr
Mo-Fr 9-17 Uhr

Wandern am Wasser: Tour durch die Berge von Ymittos

(K 5) Trekking Hellas
Filéllinon 7, Syntagma
Tel. (210) 331 03 23
Fax 323 45 48
www.trekking.gr

WASSERSPORT

Boote & Kanus
Für Motorboote mit bis zu 25 PS braucht man in Griechenland keinen Führerschein. Für ca. 35 bis 50 Euro pro Tag plus Benzin werden sie in Piräus sowie in größeren Badeorten vermietet. Der Verleih von Tretbooten und Kanus ist an fast allen touristisch erschlossenen Stränden der Ost- und der Westküste Attikas verbreitet.

TAUCHEN

Im Gegensatz zum überall möglichen Schnorcheln ist das Tauchen mit Pressluftflaschen in den meisten griechischen Gewässern verboten, auch an den Küsten Attikas. Die Begründung: Archäologen befürchten, dass die Taucher es auf antike Funde unter Wasser abgesehen haben könnten, die sie dann außer Landes schaffen wollen. Um zu erfahren, welcher Meeresabschnitt möglicherweise aktuell für Taucher freigegeben ist, erkundigt man sich am besten vor Ort in einem Reisebüro oder in einem geprüften Tauchzentrum.

(b 3) Aegean Dive Center
Zamanou / Pandoras, Glyfáda
Tel. (210) 894 54 09
(E 2) Mediterranean Dive Center
Vissileos Pavlou 96
Pastella/Piräus
Tel. (210) 412 53 76
(c 3) Vouliagmeni Scuba Diving School
Vouliagmeni Yacht Club
Tel. (210) 896 21 46

WASSERSKI

Trainingszentren sind vor allem im südlichen Küstenvorort Vouliagmeni und in größeren Hotelkomplexen zu finden.
(b 3) Water Skiing Federation
Leoforos Poseidonos, Sportzentrum Agios Kosmas
Tel. (210) 894 65 41

WINDSURFEN

Die West- und die Ostküste Attikas gehören zu den windstärksten Mittelmeerzonen mit Windstärken um vier Beaufort. Gut ausgestattete Wassersportstationen, die neben dem Windsurfen auch Fallschirmsegeln anbieten, finden man meistens vor den großen Hotels und an beliebten Stränden.
(K 5) Greek Windsurfing Association, c/o Ghiolman Yachts
Filéllinon 7, Syntagma
Tel. (210) 323 36 96
Fax 322 32 51
www.ghiolman.com

>> Die Planquadrate mit kleinen Lettern (b 2) beziehen sich auf die Umgebungskarte im Faltplan

MIT KINDERN UNTERWEGS

SCHATTENTHEATER

Karagiózis ist die traditionelle griechische Version des Schattentheaters und bei Erwachsenen und Kindern gleichermaßen beliebt.

(K 7) Athanassiou troupe

Aufführungen für Klein und Groß, außerdem Karagiózis-Workshops für Kinder zwischen fünf und zwölf.
Vouliagmenis 356 / Samuel 10, Àgios Dimítrios
Tel. (210) 965 96 81
Workshops: Mi 18-22 Uhr (Erwachsene) und Sa 10-14, (Kind.), Aufführungen Sa 17.30, So 11.30 und 17.30 Uhr Eintritt, 6 €

(K 5) Tassos Konstas troupe

Wöchentlich wechselndes Programm.
Figoures kai koukles
Tripodon 30, Pláka
Tel. (210) 322 75 07
So 11 u. 17 Uhr, Eintritt 4,50 €

(K 1) Thanassis & Kostas Spyropoulos troupe

In einem kleinen Museum sind die Spielfiguren ausgestellt.
Spyropolio: Dodekanissou 37 Àgi Anargri, Tel. (210) 262 90 46
Vorstellung Sa 18 u. 20 Uhr Eintritt 3 €

MUSEEN

(K 5) Children's Art Museum

Ausstellung von Kunstwerken, die Kinder aus ganz Griechenland im Alter zwischen fünf und 14 Jahren angefertigt haben.
Kodrou 9, Pláka,
Tel. (210) 331 26 21
Di-Sa 10-14 Uhr

(K 5) Children's Museum

Zu verschiedenen Themen wie Industrie, Ernährung, Banken können Kinder hier durch Beobachten und Ausprobieren viel lernen und erfahren.
Kidathineon 14, Pláka
Tel. (210) 331 29 95,
www.hcm.gr
Di-Fr 10-14, Sa u. So 10-15 Uhr

(C 6) Hellenic Kosmos

Ausstellungen und Lektionen zur griechischen Geschichte, Kultur und Wissenschaft in einer ehemaligen Fabrik mit Cyber-Halle, digitaler Schweinwelt und Multifunktions-Theater.
Pireos 254, Távros, Tel. (210) 483 53 00, www.fhw.gr
Mo, Di, Do 9-16, Mi 9-20, So 11-15 Uhr

(M 4) Cycladic Art Museum

Spielend lernen heißt das Samstag-Motto. Es beinhaltet Theaterspielen, Veranstaltungen zu Literatur, Musik, Mythologie, Sprachübungen für 6- bis 12-Jährige.
Neophytou Douka 4, Kolonáki,
Tel. (210) 722 83 21
Mo, Mi, Do, Fr 10-16 Uhr, Sa 10-15 Uhr, 3,50 € (Sa 1,80 €)

Planetarium

Wissenschaftliche, für ältere Kinder verständliche Präsentation des Universums im Eugenides Institut.
Syngrou 387, Amphithéa
Tel. (210) 946 96 41
www.eugenfound.edu/gr/planetarium/planetarium.html

FREIZEITPARKS

(c 2) Aidonakia

Einer der ältesten und populärsten Vergnügungsparks der Stadt. Klassisches Jahrmarktvergnügen mit Karussells und Auto-Scooter.
Kifissias 89, Maroússi
Tel. (210) 689 82 74
www.junior.gr/aidonakia

Allou! Fun Park

Relativ neu, aber schon ein beliebter Treffpunkt für Jung und Alt. Zu den größten Attraktionen zählt ein Schockturm, der einen freien Fall simuliert.
Kifissou & Petrou Ralli, Réndis, Tel. (210) 425 69 99
www.alloufunpark.gr

ZOO

(c 2) Attika Zoo

Großer, sehr gepflegter zoologischer Park in der Nähe des neuen Flughafens. Tiergehege (u. a. weiße Löwen!), Streichelwiese und kindgerechte Erläuterungen zu den Tieren.
Yalou, Spáta
Tel. (210) 663 47 24
www.atticapark.gr
Tägl. 9 Uhr bis Sonnenuntergang, Eintritt Erw. 10 €
Ki. von 3-12 Jahren 8 €

Museum modern: Im Hellenic Kosmos lernen Kinder in der Cyber-Halle spielerisch Lektionen zur griechischen Geschichte und Kultur

PLAYLANDS

Wenn Eltern einmal etwas allein unternehmen wollen, können sie ihre Kinder in Spielläden unterbringen, die als Playlands bezeichnet werden. Zum Standardangebot gehören Rutschen, Klettergerüste und Hüpfburgen für drinnen und draußen, Karten-, Brett- und Computerspiele und ein Partyraum mit Musik.

A-be-ba-blom

Gut zu erreichen, Tunnelrutsche, Ballkiste und Zimmerfußball, Cafeteria, ausreichend Parkplätze.
Skra 2 & Botsari, Péfki
Tel. (210) 612 65 30
und 612 68 20
abebablom@ath.forthnet.gr

Balloons

In den Filialen dieser Kette können sich auch ganz kleine Kinder vergnügen. Für Jungen und Mädchen ab 12 werden Partys organisiert.
(b 2) A. Papandreou 16, Ilioúpoli
Tel. (210) 971 96 85
(c 2) Kifissias 243, Kifissiá
Tel. (210) 808 18 83
(C 2) Ipsilantous 1, Piräus
Tel. (210) 413 15 79
Marinou Antyra 62-66
Néo Iraklío
Tel. (210) 277 52 77

(G 4) Paedomania

Das Geschäft ist etwa 5 Min. entfernt von der Metrostation Thíssio und bietet u.a. Brett- und elektronische Spiele, Tunnelrutsche, Puppentheater und Tanz.
Amfiktyonos 18, Thíssio
Tel. (210) 345 15 06
paedomania.@yahoo.gr
www.paedomania.freeservers.com
Tägl. 10-22 Uhr

Paramythi

Märchenhaft und fantasievoll. Besonders beliebt: ein Spielschloss aus dem 15. Jahrhundert und ein aufblasbares Piratenschiff. Bei Theater- und Tanzspielen betreuen Mitarbeiter die Kindergruppen.
Ifighenias 39, Néa Ionía
Tel. (210) 271 18 11
www.paramythi.info

MERIAN | TIPP

Lange Nächte

Wenn Griechen ausgehen, dann richtig. Man verabredet sich gegen 22 Uhr in einer Taverne, genießt mindestens zwei Stunden lang das Essen und geht anschließend gemeinsam in einen Nachtclub. Neben Rembetika (siehe Seite 64) gehören zu den beliebtesten Nachtclubs die Bouzoukia, in denen die besten Musiker und Sänger des Landes auftreten. Hier ist Mitmachen angesagt: Die Gäste singen jedes der ihnen bekannten Lieder mit und drängen neben die Sänger in Scharen zum Tanzen auf die Bühne. Mancher Athener bevorzugt zu vorgerückter Stunde auch den Tisch. Um den Künstlern ihre Verehrung zu beweisen, winken die Gäste Blumenmädchen heran und blättern einige Scheine hin. Dafür bekommen sie Aluminiumschälchen mit Blüten drin, die sie den Sängern entgegenwerfen. Man kann aber auch einen Kellner beauftragen, auf der Bühne einen Stapel Keramikteller vor den Füßen des Sängers zu zerschmettern, der sich dann – noch immer singend – vor der Tischgesellschaft verneigt, die ihm dieses Zeichen der Wertschätzung zuteil werden ließ.
Bei der teuersten Variante ordert man eine Flasche Champagner, die auf der Bühne geöffnet wird. Auch dies ein rein symbolischer Akt! Der Sänger wird dem Spender mit einem Glas zwar zuprosten, aber nicht trinken. Der Champagner aus dem Glas und der restliche aus der Flasche werden später weggeschüttet.

Mittanzen und Mitsingen ist angenehme Pflicht bei Clubbesuchen in Athen – egal ob in Rembetika, Bouzoukia oder Disco

Anders als in den Rembetika, wo in der Tradtion griechischer Rebellen kritische Liedtexte und große Gefühle dominieren, geht es in den Bouzoukia vor allem um ausgelassene Stimmung und gute Laune. Die Musik hier ist am ehesten mit deutschen Schlagern zu vergleichen. Um das Preisniveau zu vergleichen, ist es in Athen üblich, die Kosten für eine Flasche Whisky anzugeben. Üblich ist auch, ihn zu trinken.

BOUZOUKIA

(F 5) Budha live

Bei der Stimmung, die nach Mitternacht ständig steigt, müsste man schon tief wie Buddha meditieren können, um sich nicht auf die Tanzfläche ziehen zu lassen.
Pireos 142 & (D 4) Petrou Ralli Gázi, Tel. (210) 345 48 88
Mo-Sa ab 24 Uhr, Eintritt mit Getränk 10 €, Flasche Whisky 100-120 €

(H 7) Diogenis Studio

Einer der populärsten Clubs der Stadt. Unter den Gästen: Prominente und Künstler.
Leof. Syngrou 259, Makrigiáni Tel. (210) 942 57 54
Mi-Sa Programm von 23.30-4, So 21.30-3 Uhr, Eintritt 18 €, Flasche Whisky 185 €

(b 2) Fahrenheit

Das Clublied heißt „Was für Sünden habe ich begangen!", dazu bewerfen sich die 450 Gäste im Club hinter dem AEK-Stadion wild mit Blumen.
Patriarchou Konstantinou 6, Néa Filadélfia, Tel. (210) 271 81 54
Do-Mo, Getränk 10 €, Flasche Whisky 110-130 €

(G 4) Gazí

Einmalig in Athen: ein zum Multikulturzentrum umfunktioniertes ehemaliges Gaswerk. Auch bekannte Bouzouki-Sänger treten hier auf.
Ierofandon 9, Gázi Tel. (210) 347 44 77
Do-So, Eintritt mit Getränk 18 €, Flasche Whisky 120-170 €

(K 3) Rex

Das frühere Theater war und ist noch immer legendär. Logenplätze und Balkone blieben erhalten und verleihen dem Club seine spezielle Atmosphäre.
Panepistimiou 48, Omónia, Tel. (210) 381 45 91 u. 382 58 42
Do u. So Eintritt 15 €, Fr u. Sa 20 €, Flasche Whisky 170 €

REMBETIKA

(O/P 6) Charama

Musikgeschichte pur: In dem Bau, der aussieht wie ein alter Pferdestall, sang schon Rembetiko-Gigant Vasilis Tsitsanis.
Skopeftirio/Kessarianis Kessarianí, Tel. (210) 766 48 69

(I/K 6) Douzeni

Bis zu 300 Gäste passen an die niedrigen Tische, die Einrichtung ist schlicht, das Repertoire ganz auf den klassischen Rembetiko ausgerichtet.
Makrigianni 8, Makrigiánni/ Akropolis, Tel. (210) 922 75 97
Do-So, Programm ab 23 Uhr, Getränk an der Bar: 7 €, Flasche Whisky 80-100 €

(N 4) Giafka

Neoklassisches Gebäude gegenüber dem Panathinai-Park, Platz für 100 Personen. Mit Bouzouki, Baglamas, Gitarre und Akkordeon erfüllen die Musiker nach 23 Uhr auch Liederwünsche der Gäste.
Gennadiou 13, Gízi Tel. (210) 646 66 06
So-Mi geschl., Menü mit offenem Wein 25-30 €

(K 1) Diadromes

Bis zu 250 Gäste finden hier Platz und haben die Wahl zwischen 20 Vorspeisen und zwischen Rembetika und griechischen Insel-Liedern.
Patission 208 / Amerika-Platz Kypséli, Tel. (210) 867 61 55
Do-So, Programm ab 23 Uhr, Eintritt 8 €, Parkmöglichkeit

(K 1) Karavani

Die vielen Fotos an den Wänden zeigen alte *rembetes*, sprich: Außenseiter und Rebellen. Für 25 € bekommt man einen Salat, Früchte und Wein.
Zakinthou 1, Kypséli Tel. (210) 825 18 96
Do-So, Getränk 6 €, Flasche Whisky 80-95 €

>> Die Planquadrate mit kleinen Lettern (b 2) beziehen sich auf die Umgebungskarte im Faltplan

(H 4) **Nikos Benet**
Die Galerie ist ockerfarben eingerichtet, von Kristall-Lüstern beleuchtet. Spezialität des Hauses: Ziegenfleisch im Tontopf. Am Wochenende gibt's Musik aus Smyrna.
Christokopidou 3, Psirrí
Tel. (210) 321 62 40
Tägl. ab 23.30 Uhr, Sa u. So auch mittags, Getränk 9 € Fl. Whisky 90-110 €

(K 1) **To Pondiki**
Neoklassisches Gebäude mit Raum für 300 Personen, dekoriert mit alten Fotos. Rembetika zum Tanzen.
Eptanissou 9 / Androu, Kypséli
Tel. (210) 823 29 71
Do-Mo, Programm ab 23 Uhr
Getränk 6 €, Flasche Whisky 75-90 €

(N 2) **Rembetiki Istoria**
Wer hierher kommt, weiß, wie echte Rembetes posieren: ein Bein lässig über das andere geschlagen, den Ellbogen auf die Tischkante gelegt. Porträtfotos der Rebellen und Grammophon-Platten dekorieren die Wände.
Ippokratous 181, Exárchia
Tel. (210) 642 49 37
Mo u. Di geschl., Programm ab 23 Uhr
Getränk 6 €, Flasche Wein 24 €

(b 2) **Rembetiko Steki**
Eingerichtet mit Antiquitäten. Seit 15 Jahren tanzt das Publikum auf der Bühne, wenn das Orchester spielt.
Platia Patriarchou 15, Nea Filadélfia
Tel. (210) 252 89 50
Nur Fr u. Sa, Programmbeginn: 23 Uhr

(P 7) **Tzivaeri**
Altes Haus, in dem nur Rembetiko und Musik aus Smyrna gespielt werden, mit Bouzouki, Baglamas und Akkordeon.
Formionos 131, Kessarianí
Tel. (210) 760 17 32
Do u. So ab 23, Fr u. Sa ab 23.30 Uhr auch an Feiertagen

Gazí: Das frühere Gaswerk ist heute Zentrum für Kunst und Kultur

(F 2) **Endelamagen**
Wenn die 100 Gäste die Stimme von Spiros Zagoreos hören, sind sie nicht mehr auf ihren Stühlen zu halten. Sie tanzen und singen bis in den Morgen.
Al. Papanastassiou 27 / Riga Fereou 37, Egaléo, Tel. (210) 598 66 74
Fr u. Sa 22.30, So ab 21 Uhr

(D 1) **Ondas tis Konstantinas**
Mit handgearbeiteten Teppichen, Tischdecken, Kronleuchtern und Bildern eingerichtet wie ein altes Herrenhaus in Istanbul. Do, Fr und Sa: Lieder aus Piräus.
Omiridou Skilitsi 76, Piräus
Tel. (210) 422 04 59
Do ab 21, Fr, Sa ab 22, So ab 14 Uhr

CLUBS

(I 3/4) **Danza**
Housemusik von internationalen DJs, VIP-Bereich für lokale Prominenz. Seit der Schwulenclub in der Etage darüber dazugekommen ist, geht es noch wilder zu.
Aristofanous 11 / Katsikoyanni, Psirrí
Tel. (210) 331 71 05
Do-Sa ab 23, So ab 20 Uhr

(K 6) **Free2go Club 22**
DJs und Videoclips decken die ganze Bandbreite hipper Musikstile ab.
Vouliagmenis 22, Méts
Tel. (210) 924 98 14 *Mi-So*

(K 3) **+Soda**
Der Nr. 1-Tanzclub der Stadt, Hotspot der Medien-Szene.
Akadimias / Zoodohou Pigis 3 Exárchia, Tel. (210) 384 02 05
Fr-So ab 24 Uhr

(H 4) **Loop**
Die knallrote Bar ist Treffpunkt der jungen Szene. Meist elektronische Freestyle-Musik vom DJ.
Platia Agion Asomaton 3, Thissío
Tel. (210) 324 76 66
Ab 21 Uhr

(F 4) **Nipiagogio**
Szeneblätter nennen ihn einen der besten Clubs Downtown. Im Sommer tanzen die Gäste zu Jazz, Soul, Funk und Techno im Innenhof.
Elasidon / Kleanthous 8, Gázi
Tel. (210) 345 85 34
Ab 21 Uhr

(I 4) **Vibe Club**
Stammbar der Kreativen mit Weltraum-Dekor. Wechselnde DJs. Musik: Ethnic, Soul und Groove der 60er Jahre.
Aristophanous 1 / Platia Iroon, Psirrí
Tel. (210) 324 47 94
Mo geschl.

MERIAN | TIPP

(I 4) Flohmarkt Monastiráki
Am nordwestlichen Ende der Pláka liegt ein Platz, der einen leicht nostalgischen Eindruck von der Zeit vermittelt, als ganz Athen noch so war, wie die Läden und Werkstätten, die sich hier aneinander reihen: klein, schlicht, unkompliziert. Sein Name: Monastiráki, benannt nach der kleinen byzantinischen Kirche Pantánassa, die hier steht, denn Monastiráki heißt kleines Kloster. Jeden Tag preisen die Verkäufer ihre Waren lautstark an – von Münzen über Möbel bis zu Militäruniformen. Die meisten Händler haben sich rund um die Metrostation ausgebreitet, vor allem in den Straßen Pandrossou und Ifestou. Besonders quirlig geht es hier am Sonntagvormittag zu, wenn der Flohmarkt größer als gewöhnlich ist. Zu den Alteingesessenen gesellen sich dann Straßenhändler, Musiker, Pantomimen und Maler, es wird nicht nur wild gefeilscht, sondern auch spontan gesungen und gefeiert. In ganz Athen gibt es keinen vergleichbaren Rummel dieser Art.
Tägl. 8-13.30 und 17-20 Uhr, So 8-14 Uhr

Öffnungszeiten

Einzelhandelsgeschäfte schließen über Mittag, nur Supermärkte, Einkaufszentren und Kaufhäuser haben geöffnet. Normale Öffnungszeiten: 9.30-14 Uhr und 17-20.30 Uhr. Samstags nachmittags bleiben viele Geschäfte geschlossen.

MODE

(K 3) Apostolos Mitropoulos
Er gehört zu den talentiertesten Modemachern des Landes und entwirft trendige Einzelstücke.
Stadiou 28, Nähe Panepistimio

Celia Kritharioti
Top-Models präsentieren die Kollektionen der Designerin. Gisele Bündchen, Elle MacPherson und Naomi Campbell waren schon engagiert.
(L 4) Vas. Sofias 4 &
(K 5) Daedalou 8, Pláka

(H 3) Christoforos Kotentos
Seine sexy Kleidung und die fantasievollen Accessoires verkauft der Designer auch in Mailand, New York und Tokio.
Sachtouri 3 (4. Etage), Psirrí

(L 4) Deux Hommes
Das Duo entwirft Kleidung für alle Gelegenheiten: von Alltagsmode bis Haute Couture.
Kanari 18 (1. Stock), Kolonáki

(L 4) Haris & Angelos
Höchst modisch, für Liebhaber ausgefallener Stücke.
Voukourestiou 18, Kolonáki

(I 4) Kathy Hayndels
Label für Bekleidung und Accessoires, an Laufsteg-Mode orientiert.
Athenaidos 14, Monastiráki

Liana Vourakis & Cholevas Vlassis
Zwei exquisite Partner-Boutiquen, empfohlen vom Luxushotel Grand Bretagne.
(L 4) Pindarou 42 & (L 3/M 4) Anagnostopoulou 19, Kolonáki

(L 4) Loukia
Spezialität der rothaarigen, seit Jahrzehnten erfolgreichen Designerin sind Stickereien. Warteliste für Damen- und Brautkleider.
Kanari 24 (1. Stock), Kolonáki

(L 3) Rere Papa
Führt neben charakteristischer Mode zweier junger Griechinnen auch importierte Labels.
Skoufa 62, Kolonáki

(M 4) Thalassa Collection
Die Muster für Krawatten, Schals, Kopftücher und Blusen aus Seide kommen aus Athen, produziert wird in Italien.
Patriarchou Ioakim 30-32 Kolonáki

Rebecca und Renata verkaufen in ihrer Boutique Rere Papa eigene Kreationen und Kollektionen internationaler Modelabels

(M 4) Where to wear
Taschen, Gürtel, Schmuck und Kleidung von Lena Katsanidou. Zu den Kunden gehören Models, Schauspielerinnen und Stylisten.
Alopekis 12, Kolonáki

(L 4) Yiorgos Eleftheriades
Gewagt geschnittene, bizarr anmutende Einzelstücke für Männer und Frauen.
Pindarou 38, Kolonáki

SCHUHE & TASCHEN

(M 4) KEM
In Griechenland hergestellte Handtaschen und Koffer.
Patriarchou Ioakim 26A Kolonáki

(L 4) Kozatsa Creations
Hier können die Kunden sich Schuhe nach Maß anfertigen lassen. Besonders gefragt sind Hochzeitsschuhe.
Kanari 11, Kolonáki

(K 4) Moschoutis
Große Auswahl an Schuhen griechischer und internationaler Designer.
Voulis 12, Syntagma

(I 4) Stavros Melissinos
Gilt als einer der besten Sandalenmacher der Stadt, prominente Kundschaft.
Pandrossou 89 Monastiráki

(L 4) Thiros
Griechische Reise-, Hand- und Einkaufstaschen aus Leder.
Skoufa 24, Kolonáki

SCHMUCK

(L/M 4) Benáki-Museum
Im angegliederten Geschenkladen werden u. a. hochwertige Reproduktionen von antikem Goldschmuck angeboten.
Vassilissis Sofias & Koumbari Kolonáki

(M 4) Elena Votsi
Mit wertvollen Steinen besetzte Halsketten, Ringe und Ohrringe, die Designerin hat auch die neuen Olympiamedaillen entworfen.
Xanthou 7, Kolonáki

(K 4) Faidra
Führt Schmuck junger wie auch etablierter Designer.
Perikleous 12, Monastiráki

Fanourakis
Geschäft mit 100-jähriger Geschichte. Auffallend: Anstecknadeln und Broschen, die aussehen wie Tiere und Insekten.
(M 4) Patriarchou Ioakim 23, Kolonáki / (K 4) Evangelistrias 2, Monastiráki / (c 2) Panagitsas 6, Kifissiá

Folli Follie
International bekannte griechische Marke. Zur „K-Kollektion“

>> Die Planquadrate der Adressen in Palmabeziehen sich auf die Karte auf Seite 135

gehören besonders moderne Schmuckstücke.
(K 4) Ermou 18, Karameikós &
(L 4) Solonos 25, Kolonáki &
(b 3) I. Metaxa 8, Glyfáda

(K/L 4) **Ilias Lalaounis**
Top-Adresse für Gold- und Silberschmuck: Lalaounis ist ein weltweit bekannter Juwelier.
Panepistimiou 6, Nähe Syntagma

(K 4) **Kori**
Traditionelle und zeitgenössische Schmuckstücke und Kunst etablierter und neuer griechischer Talente.
Mitropoleos 13, Syntagma

Maramenos & Pateras
Die Schmuckdesigner lassen sich von Themen der antiken griechischen Zivilisation und der Natur inspirieren.
(K 4) Mitropoleos 30, Monastiráki /
(L 4) Stadiou 3, Nähe Syntagma

(K/L 4) **Zolotas**
Fertigt neben Gold- und Silberschmuck auch ausgefallene Reproduktionen für Museen.
Stadiou 9 & Panepistimiou 10, beides Nähe Syntagma

HANDGEARBEITETES

(K 5) **Amorgos**
Sorgfältig geschnitzte und von Hand bemalte Möbel im Angebot. Vieles stammt direkt aus der Hand des Geschäftsinhabers, der auch mit Stickereien, Lampen und Schattenspiel-Figuren handelt.
Kodrou 3, Pláka

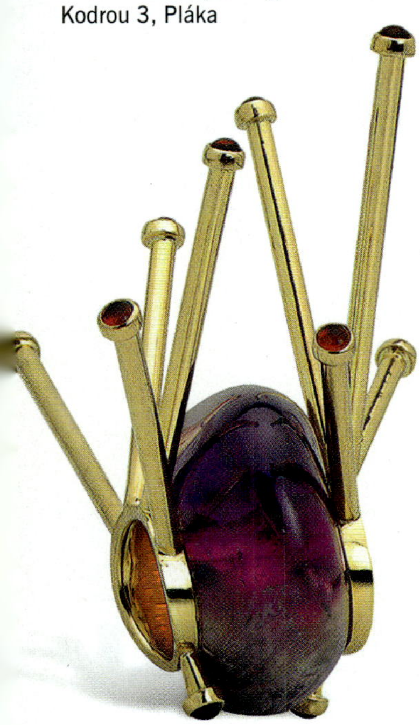

Schmucker Ring: eigenwilliges Design von Elena Votsi

(K 5) **Anoyi**
Alte Drucke, traditionelle Möbel und reproduzierte Ikonen.
Sotiros 1, Pláka

(L 4) **Anthes**
Farbenfroh ausgeschmückt mit antiken Möbeln, Teppichen, Textilien und Bildern.
Pindarou 24, Kolonáki

(L 4) **Athens Design Center**
Klassisch anmutende sowie zeitgenössische Keramiken.
Valaoritou 4, Kolonáki

(I 4) **Baba**
Backgammon wird in Griechenland Távli genannt. Das Brett und die Spielsteine sind hier in allen Größen und Designs erhältlich.
Ifestou 30, Monastiráki

(K 4/5) **Ethnikos Organismos Pronias**
Im Angebot der Nationalen Wohlfahrts-Organisation: folkloristische Stickereien, Teppiche, Töpferwaren und Ikonen.
Ypatias 6 & Apollonos, Pláka

(K 4) **Evangelides**
Spezialisiert auf alle Arten von Schreibstiften, vom einfachen Griffel bis zum limitierten Füllfederhalter für Sammler.
Kolokotroni & Voulis 7
Syntagma

(K 4) **Greek Women's Institution**
Einfallsreiche Kollektion von Stickereien und Tüchern, angefertigt von Frauen auf den griechischen Inseln.
Kolokotroni 3, Monastiráki

(K 4/5) **Karamichos-Mazarakis**
Neben handgewebten Teppichen ist hier auch der griechische Flokati aus Schafwolle zu finden.
Voulis 31-33, Syntagma

(I 4) **Kiritisis**
Kleines Geschäft, das mit alten Münzen, Medaillen und Briefmarken aus Hellas und aller Welt handelt.
Areos 1 / Pandrossou, Monastiráki

(M 4) **Kombologadiko**
Alle Arten von Gebets-Perlenketten (griech.: *kombolói*), auch Sammlerstücke aus dem Mittleren Osten.
Koumbari 6, Kolonáki

(L 4) **Mati**
Amulette aus blauen Glas gegen den bösen Blick (griech. Aberglaube) und Sammlung ungewöhnlicher Klosterlampen und Kerzenhalter.
Voukourestiou 20, Syntagma

RÜCKBLICK

Karamanlís oder die Panzer!

Erst 1974 überwand das Mutterland der Demokratie seine letzte Diktatur

In den ersten beiden Nachkriegsjahrzehnten regierten in Athen das Zentrum und die Konservativen mit starkem Monarchie-Einfluss. Vor den Wahlen im Mai 1967 fürchteten die reaktionären Kreise in Verwaltung und Armee einen Wahlsieg der Linksliberalen unter **Geórgios Papandréou**. Und sie schlugen zu: Angeführt vom Obristen **Geórgios Papadópoulos**, gelang es einer Offiziersgruppe, sich am **21. April 1967** an die Macht zu putschen. **König Konstantinos II.** trat den Militärs nicht entschlossen entgegen, posierte gar auf einem Foto mit den neuen Machthabern. Ein halbes Jahr später scheiterte sein dilettantischer Versuch, die Junta zu entmachten, der König floh ins Exil. Die Militärdiktatur verhängte den Ausnahmezustand, schaltete die Presse gleich. Politische Gegner wurden interniert und gefoltert. Griechenland musste den Europarat verlassen. Das Regime der Obristen hielt sich sieben lange Jahre an der Macht. Der wachsende Widerstand der Bevölkerung, insbesondere der Studenten, leitete die Wende ein: Im November 1973 walzten die Militärs mit Panzern und Waffengewalt **protestierende Studenten** im Athener Polytechnikum nieder. Der Anfang vom Ende des Regimes. Um von den inneren Problemen abzulenken, zettelte die Junta einen **Putsch auf Zypern** an, mit dem Ziel, Zypern mit Griechenland zu vereinigen. Der Putsch misslang und war für die Türkei willkommener Anlass, am **20. Juli 1974** ihrerseits mit Truppen auf Zypern zu landen. Der Konflikt brachte die NATO-Partner Griechenland und Türkei an den Rand eines Krieges. Ein Drittel der Zyprioten wurde zu Flüchtlingen im eigenen Land: 200 000 Zyperngriechen retteten sich in den Süden, etwa 40 000 Zyperntürken flohen in den Norden. Es gab Tausende von Toten und Vermissten. Die Marionettenregierung der griechischen Militärs trat zurück, als sich Bevölkerung und Teile der Armee der befohlenen Generalmobilmachung und dem Angriff auf die Türkei widersetzten. Ex-Regierungschef **Konstantínos Karamanlís** flog aus dem Pariser Exil ein und wurde als Premier einer Übergangsregierung vereidigt. Die Wahlen am 17. November 1974 gewann seine konservative **Néa Demokratía** wohl auch, weil die Griechen Angst hatten, dass sich bei einem Sieg der Linken die Militärs zurück an die Macht geputscht hätten. **„Karamanlís oder die Panzer"**, so brachte ein ehemaliges Mitglied der verbotenen KP die Stimmung in der Bevölkerung auf den Punkt. Sein Name: Mikis Theodorakis.

König und Junta: Konstantinos II. am 5. Mai 1967 mit der von den Militärs gebildeten Regierung. Ganz links Geórgios Papadópoulos, Anführer der Putschisten

Prinz Otto von Bayern wurde 1832 König von Griechenland

Von der Bronzezeit zum Hellenismus

3. und 2. Jahrtausend v. Chr. Indogermanische Stämme der Ionier, Äolier und Achäer wandern ein.
16.-12. Jh. v. Chr. Entstehung der kykladischen und mykenischen Kultur.
800-500 v. Chr. Durch die Besiedlung von Süditalien und Sizilien vergrößert Griechenland sich zur Magna Graecia. Das Orakel in Delphi wird religiöses Zentrum der panhellenischen Spiele. In Athen fördern u. a. Solon und Kleisthenes die Demokratie.
500-336 v. Chr. Klassische Periode: Sparta konkurriert mit Athen. Schlachten bei Marathon und Salamís gegen die Perser. Die Akropolis-Bauten entstehen. Athen verliert den peloponnesischen Krieg. Theben löst Sparta ab. Alexander der Große errichtet ein Weltreich.
336-146 v. Chr. Hellenistische Epoche: Blütezeit von Kunst und Wissenschaft.

Römisches und Osmanisches Reich

146 v. Chr.-330 n. Chr. Die Römer beherrschen Griechenland.
330-1453 Konstantin I. bekennt sich als erster Kaiser zum Christentum. Byzanz (Konstantinopel) wird Hauptstadt des Oströmischen Reiches.
1054 Bruch (Schisma) der griechisch-orthodoxen und der katholischen Kirche.
11. und 12. Jh. Normannen besetzen die ionischen Inseln und Epirus.
1204 Fränkische Kreuzritter nehmen Konstantinopel ein.
1453-1830 Die Türken erobern Konstantinopel und beherrschen Byzanz.

Staatsgründung

1830 Londoner Protokoll: Griechenland wird unabhängige Erbmonarchie unter Graf Ioánnis Antónios Kapodístrias, zuvor Außenminister des russischen Zaren.
1832 Prinz Otto von Bayern wird König von Griechenland.
1834 Athen wird neuer Regierungssitz.

20. Jahrhundert: Kriege und Diktaturen

1912 Die Balkanländer treiben die Türken bis nach Konstantinopel zurück.
1913 Bulgarien kämpft gegen seine früheren Bundesgenossen. Griechenland und Serbien erhalten große Teile Makedoniens.
1923 Vertrag von Lausanne: 1,5 Millionen Griechen müssen die Türkei, 600 000 Muslime Griechenland verlassen.
1924 Proklamation der griechischen Republik.
1932 Diktator Ioánnis Metaxás kommt an die Macht.
1941-1944 Die deutsche Wehrmacht besetzt das Land. Regierung und König flüchten.

In der Seeschlacht von Salamis besiegten 480 v. Chr. die Griechen die persische Flotte

1945 UNO-Beitritt.
Nach 1945 Bürgerkrieg: die politische Linke bekämpft die aus dem Exil zurückgekehrte Regierung. In sechs Jahren scheitern 16 Regierungen.
1952 NATO-Mitgliedschaft.
1967-1974 Militärdiktatur.
1981 Andréas Papandréou führt die sozialistische PASOK zum Wahlsieg. Beitritt zur Europäischen Gemeinschaft.
1990-1993 Die konservative Néa Demokratía regiert.
1996 Papandreou stirbt, ihm folgt Konstantínos Simítis.
2002 Einführung des Euro.
2004 Die Olympischen Spiele kehren an ihre Geburtsstätte zurück.

F
G
H
I
K
Larissa-Bahnhof
Stathmos Larissis
Filadelfeias
Ioulianou
Kypseli
Thanassis & Kostas Spyropoulos troupe
Peloponnesos-Bahnhof
N. Metaxa
Ipeirou
Acharnon
Aristotelous
Marni
Oktovriou (Patission)
Archäologisches Nationalmuseum
Polytechnion
Stournari
Solomou
Kapodistriou
Akad. Platonos
Palamidiou
Leof. Athinon
Achilleos
Karolou
Metaxourgio
Plat. Karaiskaki
Nationaltheater
Omonia
Ag. Konstantinou
Pierides-Museum
Konstantinoupoleos
Iera Odos
Thermopylon
Mylerou
P. Tsaldari (Pireos)
Athinas
Stadiou
Panepistimiou
Akadimias
Stoa Athanaton
Zentralmarkt
National-bibliothek
Panepistimio
Universität
Akademie
Plat. Eleftherias
Psirri
Agios Gregorios
Agii Theodori
Museum der Stadt Athen
National-Historisches-Museum
Numismatische Museum
Gazi
Maria-Callas-Museum
Keramеikos
Technopolis
Ermou
Thissio
Monastiraki
Kapnikarea
Mitropolis
Syntagma
Agia Dinami
Kleine Mitropolis
Agora-Museum
Bibliothek d. Hadrian
Griechische Agora
Römische Agora
Turm der Winde
Agia Marina
Observatorium
Areopag
Kanellopoulos-Museum
Erechtheion
Akropolis
Anafiotika
Plaka
Children's Art Museum
Children's Museum
Nikodemus Kirche
Frissiras-Museum
Beule-Tor
Parthenon
Nike-Tempel
Akropolis-Museum
Herodes-Atticus-Theater
Asklipion
Stoa des Eumenes
Dionysos-Theater
Pnyx-Hügel
Agios Dimitrios Lombardiaris
Hadriansbogen
Olympieion (Tempel des Olympischen Zeus)
Sokrates-Kerker
Akropoli
Dora-Stratou-Theater
Petralona
Grabmal des Philopappous
Dion. Areopagitou
Robertou Galli
Chatzichristou
Leof. Syngrou
Vouliagmenis
Kallirrois
Sigrou-Fix
Arakynthou
Panaitoliou
Veikou
Kallirrois
Leof. El. Venizelou
Thalassinos Club Harama
Diogenes Studio
Athanassiou troupe

Tel. (210) 523 47 21
Fax 523 47 86
douros@otenet.gr
www.douros-hotels.com €

(I 3) **Omonia Grand Hotel**
Designerlobby und großzügige, modern eingerichtete Zimmer. Am besten sind die Zimmer im achten Stock mit Dachterrasse zum Omónia-Platz und schöner Aussicht.
Omónia, Piraios 2
Tel. (210) 52 82 21 00
Fax 523 13 61
sales_acr@grecotel.gr
www.grecotel.gr €€€€

(H 1) **Oscar**
1977 eröffnetes Haus, das 1995 umfassend renoviert wurde. Gegenüber dem Zentralbahnhof gelegen, 162 Zimmer, 2 Suiten, Pool mit Sonnenterrasse, Cocktail-Bar, Rezeption durchgehend besetzt.
Stathmós Seitenrissis
Samou/Filadelfias 25
Tel. (210) 883 42 15
Fax 821 63 68, oscar@oscar.gr
www.oscar.gr €€

(H 1) **Oscar Inn**
Bruder des Oscar-Hotels. Küchen-Chef Dimítris Nikolakópoulos hat 2003 ein Standbild von Alexander dem Großen zu Pferd geformt – aus Butter.
Stathmós Laríssis
Samou 43-45
Tel. (210) 881 32 11
Fax 822 08 18
oscar@oscar.gr
www.oscar.gr €€

(I/K 4) **Pan**
Kleines Familienhotel mit 33 Zimmern, einfach und klassisch eingerichtet.
Syntagma, Mitropoleos 11
Tel. (210) 323 78 16
Fax 323 78 19, panhotel @hol.gr, www.panhotel.gr €

(I 6) **Phillipos**
Privat geführt, 1993 mit 50 Zimmern wiedereröffnet. Schmuckstück des Hauses ist das helle Atrium.
Makrigiáni, Mitseon 3
Tel. (210) 922 36 11
Fax 922 36 15
philippos@herodion.gr
www.philipposhotel.gr €€€

(I 4) **Plaka**
Seit der Komplettrenovierung 2001 sind die meisten der 67 Zimmer mit Holzdielen ausgelegt. Die Möblierung ist sparsam und geschmackvoll.
Pláka, Kapnikareas 7/ Mitropoleos
Tel. (210) 322 20 96-7
Fax 322 24 12
plaka@tourhotel.gr
www.plakahotel.gr €€

(M 3/4) **St. George Lykabettus**
Vielleicht Athens schönster Blick auf Akropolis und Pláka. Das luxuriöse und sehr persönlich geführte Hotel liegt ruhig und im Grünen. Schwimmbad im obersten Stock. Zwei gute Restaurants im Haus.
Kolonáki, Kleomenous 2
Tel. (210) 729 07 11 19
Fax 729 04 39, info@sglyca bettus.gr, www.sglycabettus.gr
€€€€

Imposant: die Lobby des „Electra Palace" in der Pláka

Blick auf die Akropolis vom Dach-Restaurant des Hotel St. George

(K 3) **Titania**
Zentrale Lage zwischen Omónia und Syntagma. Vom Restaurant Olivengarten auf dem Dach hat man einen schönem Rundblick. Die Zimmer (und Badezimmer) im achten und neunten Stock sind am größten.
Omónia, Panepistimiou Av. 52
Tel. (210) 332 62 00
Fax 330 07 00, titania@ titania.gr, www.titania.gr €€

(M 1) **Zafolia**
Frisch renoviert, Zimmer mit doppelt verglasten Fenstern, Dachgarten mit Pool.
Neápoli, Alexandras 87-89
Tel. (210) 644 90 02
Fax 644 20 42
info@hotel-athens-greece.com
www.hotel-athens-greece.com
€€€

ATHEN NORD

(P 3) **Andromeda**
Kleines, 1992 eröffnetes Luxushotel in der Nähe der Konzerthalle. Alle Zimmer sind unterschiedlich möbliert.
Timoleontos Vassu 15
Tel. (210) 641 50 00
Fax 646 63 61
headoffice@andromedahotels.gr
www.andromedaathens.gr
€€€€

(c 2) **Grand Chalet**
Ruhiges und hochherrschaftlich eingerichtetes Haus. Im Restaurant gehobene griechische und französische Küche.
Politía/Kifissiá, Kokkinara 38
Tel. (210) 623 31 20
Fax 808 54 26
grandchalet@galaxynet.gr
€€€€

(c 2) **Kefalari Suites**
Luxuriöse Suiten in englischem, afrikanischem und asiatischem Stil, Jacuzzi auf dem Sonnendach.
Kefalári/Kifissiá, Pentelis 1 / Kolokotroni, Tel. (210) 623 33 33
Fax 623 33 30, info@kefalari suites.gr, www.kefalarisuites.gr
€€€€

(c 2) **Pentelikon**
Stilvoll und ruhig wohnt man in diesem neoklassizistischen Gebäude, das von einem Garten mit alten Bäumen umgeben ist. Die Bar ist ein Treffpunkt der Athener Upper Class.
Kifissiá, Diligianni 66, Tel. (210) 623 06 50-6, Fax 801 92 23
pentelik@hotelpentelikon.gr
www.hotelpentelikon.gr
€€€€

(c 2) **Theoxenia Palace**
Gelegen am Kefalári-Park, Zimmer mit orthopädischen Matratzen, Marmorbad und persönlichem Butler-Service.
Kifissiá, Filadelfíos 2
Tel. (210) 623 36 22
Fax 623 16 75, info@Theoxenia Palace.com, www.theoxenia palace.com €€€€

ATHEN-SÜD

(b 2) **Coral**
82 Zimmer im Landhaus-Stil, hell und freundlich.
Paléo Fáliro, Posidonos Av. 35
Tel. (210) 981 64 41
Fax 983 12 07, info@coral hotel.gr, www.coralhotel.gr €€

(b 3) **Four Seasons**
Shuttleservice vom und zum Flughafen, 78 Zimmer mit Meerblick, sehr kinderfreundlich, behindertengerechte Einrichtung.
Glyfáda, Posidonos Av. 79
Tel. (210) 894 22 11

Fax 89 44 266
info@smartotel.gr, www.smart otel.gr/4ss.htm €€€

(b 3) **London**
75 Zimmer, alle klimatisiert und mit kleinem Balkon, das Haus ist von Kiefern umgeben, 100 Meter Entfernung zum Strand.
Glyfáda, Posidonos Av. 38
Tel. (210) 968 15 70
Fax 894 21 06
londonhotel@londonhotel.gr
www.greekhotel.com/athens/london/home.htm €

(c 3) **Plaza Vouliagmeni Strand Hotel**
Fast die Hälfte der 72 Zimmer ist für Nichtraucher reserviert.
Vouliagméni, Litous 14
Tel. (210) 967 01 96
Fax 967 01 39, info@plaza-vouliagmeni.com www.plaza-vouliagmeni.com €€€

Chic: Zimmer im Andromeda

(b 2) **Poseidon**
Hoteleigener Strand mit Liegestühlen und Sonnenschirmen. Außerdem Pool, Taverne und Dachterrasse. Meerblick selbst aus dem Badezimmer.
Paleó Fáliro, Posidonos Av. 72
Tel. (210) 982 20 41
Fax 982 92 17
info@poseidonhotel.com.gr
www.poseidonhotel.com.gr €€

(c 3) **The Margi**
Kolonialstil, warme Farben, viel Holz. Die Eigentümer, Maria und Gina Stavridis, haben weltweit antike Möbel aus dem 18. und 19. Jh. erstanden. Die Stücke schmücken jetzt die 90 Zimmer und 7 Suiten.
Vouliagméni, Litoús 11
Tel. (210) 896 20 61
Fax 896 02 29
themargi@themargi.gr
www.themargi.gr €€€€

PIRÄUS

(C 1) **Argo Anita**
55 Zimmer in Hafennähe. Autovermietung und Fährticket-Verkauf im Haus. Auch Gäste mit Haustieren sind willkommen.
Notara 23-25
Tel. (210) 412 17 95
Fax 412 24 20
argoanita@hotmail.com
www.hotelargoanita.com €

(D 1) **Lilia**
Einfach, aber geschmackvoll eingerichtete 20 Zimmer in der Nähe des Hafens Passalimáni.
Zeas 131, Passalimáni
Tel. (210) 417 91 08
Fax 411 43 11, info@liliahotel.gr
http://www.greekhotel.com/athens/lilia/home.htm €

(E 2) **Mistral**
Einfaches Haus mit schlichten, sauberen Zimmer, vier Kilometer vom Zentralhafen entfernt.
Kastélla, Vas. Pavlou Av. 105
Tel. (210) 411 71 50
Fax 412 20 96, hmistral@otenet.gr, www.mistral.gr €

ATTIKA

(d 2) **Avra Smartotel**
Nach der Restaurierung im Januar 2004 wieder eröffnet. Direkt am Fährhafen (Euböa und Kykladen) gelegen, aber ruhig.
Rafína, Arafinidon Alon 3
Tel. (229 40) 227 80
Fax 233 20, avra@smartotel.gr
www.smartotel.gr/avr.htm
€€€

(c 3/4) **Grand Ressort Lagonissi**
Traumhafte Lage am Wasser, Sandstrand, exzellente Hotel- und Freizeiteinrichtungen.
Lagoníssi, bei km 40 auf der Straße Athen-Souníou
Tel. (229 10) 760 00
Fax 245 34
lagonissi@lagonissiresort.gr
www.lagonissiresort.gr €€€€

(d 1/2) **Marathon Beach**
Direkt am Meer gelegen, zum Hotel gehört ein 25-Meter-Becken mit Meerwasser. Von März bis Juni, im Oktober und November gibt's zehn Prozent Rabatt bei Internet-Buchungen.
Néa Mákri, Posidonos Av. 12
Tel. (229 40) 913 01
Fax 953 07, hotelmb@otenet.gr
www.marathonbeachhotel.gr
€€

HOTEL-LEGENDEN

Der Glanz des Grand Bretagne

Vom Balkon seiner Suite aus zeichnete Theodor Heuss die Akropolis

Wenn der Blick vom Dachgarten über die Stadt verschwimmt, flammen Dutzende von Scheinwerfern rund um das achtstöckige Gebäude am Platz der Verfassung auf und lassen es wie eine Schatztruhe erstrahlen. Und das ist es auch: ein Luxushotel mit Butler-Service, das Gäste mit dorischen Säulen, Mosaiken und anatolischen Diwanen in der Lobby empfängt. Erbaut 1862 als königliche Residenz, beherbergte es zwölf Jahre später die Staatsgäste von König Otto I. 1879 wurde der Grieche Efstáthios Lámpsas Teilhaber des damals zweistöckigen „Megáli Bretannía". Er brachte aus Paris die hohe Kochkunst und den vornehmer klingenden Namen mit: Grand Bretagne. Zu den ersten Olympischen Spielen der Neuzeit 1896 logierten viele Sportler und Funktionäre, allen voran Olympia-Schöpfer Baron Pierre de Coubertin, im Grand Bretagne.

Schatztruhe: das Hotel Grand Bretagne am Syntagma-Platz

Danach entwickelte es sich immer mehr zu einem Schauplatz der Geschichte: Vor der Renaissance-Fassade des Hotels sprach 1910 Ministerpräsident Elefthérios Venizélos, der die Verfassung Griechenlands modernisierte, zum Volk. Im Zweiten Weltkrieg befand der griechische Generalstab die Weinkeller für luftschutztauglich und bezog sein Hauptquartier im Hotel, bis Hitler, Göring und Rommel sich dort einnisteten. Nach der Befreiung unter Winston Churchill trugen sich auch Konrad Adenauer, Indira Gandhi, mehrere Kennedys und Theodor Heuss ins Gästebuch ein. Letzterer zeichnete von seinem schmiedeeisern verzierten Balkon aus die Akropolis. Nach dem Sturz der Militärjunta 1974 regierte Ministerpräsident Konstantin Karamanlís von hier aus sogar einige Wochen das Land. Insgesamt 70 Millionen US-Dollar hat die Starwood Hotelkette vor der Neueröffnung im März 2003 in die Restaurierung gesteckt – entstanden sind unter anderem eine elegante Wohlfühl-Landschaft mit Schwimm- und Dampfbädern, Saunahöhlen und Massageplätzen. Im Restaurant „GB Corner" servieren Kellnerinnen jetzt in eleganten Kleidern des griechischen Couturiers John Tseklenis, in „Alexander's Bar" stoßen Filmstars auf Premieren an, und im Wintergarten handeln Unternehmer Geschäfte aus, umgeben von einer Einrichtung im Kolonialstil.

(K/L 4) Syntagma-Platz, Tel. (210) 333 00 00
Fax (210) 322 80 34, info@grandbretagne.gr
www.grandbretagne.gr, *327 Zimmer und Suiten* €€€€

Archäologische Stätten

Aeropag .... H 5
Akropolis .... I 5
Bibliothek des Hadrian .... I 4
Hadriansbogen .... K 5/6
Herodes-Atticus-Theater .... H/I 5
Dionysos-Theater .... I 5
Grabmal des Philopappous .... H 6
Griechische Agora .... H 4/5
Kerameikos .... G/H 4
Lysikratous-Denkmal .... K 5
Pnyx-Hügel .... H 5
Römische Agora .... I 5
Tempel des Olympischen Zeus .... K 6
Turm der Winde .... I 5

Sehenswert

Anafiotika .... I 5
Lykavittos .... M/N 3
Mikrolimano (Piräus) .... E 2
Nationalgarten .... L 5
Panathenäisches Stadion .... O 2
Parlament .... L 4
Technopolis Centre .... G 4
Universität .... K 3
Zappeion .... L 5
Zentralmarkt .... I 3

Museen

Agora-Museum .... I 4
Akropolis-Museum .... I 5
Archäologisches Nationalmuseum .... K 1
Benaki-Museum .... L/M 4
Byzantinisches Museum .... M 4
Children's Art Museum .... K 5
Children's Museum .... K 5
Dora Stratou Stiftung .... K 5
Historisches Nationalmuseum .... K 4
Iliou Melathron .... K 4
Kanellopoulos-Museum .... I 5
Kerameikos-Museum .... G 4
Museum der Stadt Athen .... K 4
Museum für Kykladische Kunst .... M 4
Nationalgalerie .... N 4
Numismatisches Museum .... K/L 4
Pierides-Museum .... F 3

Kirchen

Agios Gregorios .... H 4
Agios Dionysos .... K 4
Kleine Mitropolis .... K 4
Tsistarakis-Moschee .... I 4

Sehenswerte Metrostationen

Akropoli .... I/K 6
Evangelismos .... N 4
Monastiraki .... I 4
Panepistimio .... K 3
Syntagma .... L 4

Plätze

Avissinias .... H/I 4
Dexameni .... M 4
Iroon .... I 4
Mavili .... P 3
Monastiraki .... I 4
Omonia .... I 2/3
Syntagma .... L 4

Straßen

Adrianou .... H 4-K 5
Agia Anargyron .... H/I 4
Athinas .... I 3-4
Erotokritou .... I 5
Evripidou .... H/I 3
Kidathineon .... K 5
Lembessi .... K 6
Tripodon .... K 5
Oktovrou (Patission) .... K 1-2
Panepistimio (El. Venizelou Av.) .... K/L 3-4

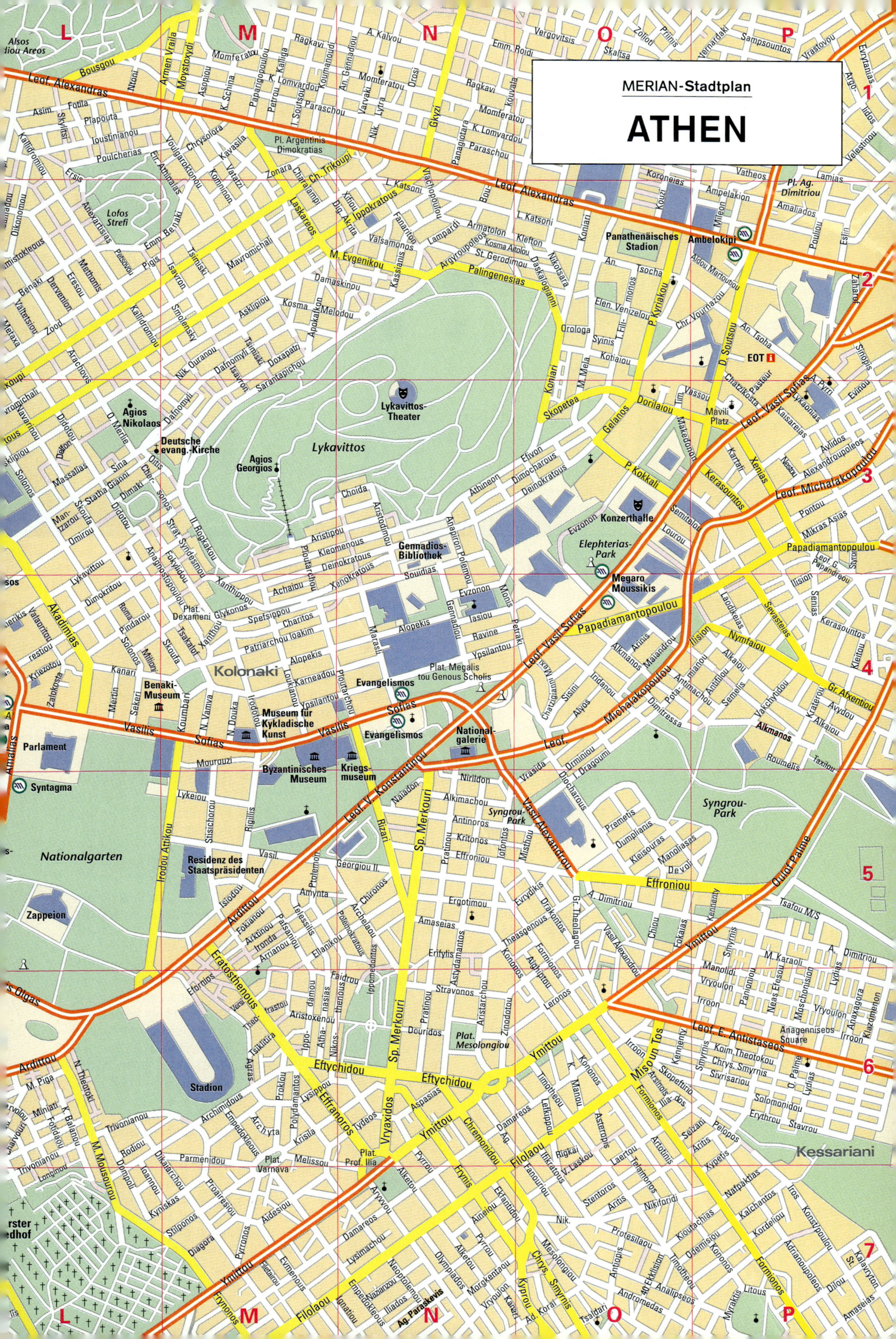

MERIAN-Stadtplan
ATHEN
L
M
N
O
P
1
2
3
4
5
6
7
Leof. Alexandras
Pl. Argentinis Dimokratias
Lofos Strefi
Panathenäisches Stadion
Ambelokipi
Pl. Ag. Dimitriou
EOT
Lykavittos-Theater
Lykavittos
Agios Georgios
Agios Nikolaos
Deutsche evang.-Kirche
Mavili Platz
Leof. Vasil. Sofias
Leof. Michalakopoulou
Konzerthalle
Elepherias-Park
Megaro Moussikis
Papadiamantopoulou
Gennadios-Bibliothek
Kolonaki
Evangelismos
Plat. Megalis tou Genous Scholis
Nationalgalerie
Benaki-Museum
Museum für Kykladische Kunst
Byzantinisches Museum
Kriegsmuseum
Parlament
Syntagma
Nationalgarten
Residenz des Staatspräsidenten
Zappeion
Syngrou-Park
Leof. V. Konstantinou
Sp. Merkouri
Vasil. Alexandrou
Effroniou
Ymittou
Olof Palme
Leof. E. Antistaseos
Anagenniseos Square
Plat. Mesolongiou
Eftychidou
Stadion
Ardittou
Plat. Prof. Ilia
Plat. Varnava
Kessariani
Erster Friedhof
Vas. Olgas

MERIAN | TIPP

Jugend der Welt
In Athen gibt es genug Hotels für alle Gäste. Reservierung empfiehlt sich dennoch. Bei der Buchung wird meist die Kreditkartennummer verlangt, bei Nichterscheinen wird eine Nacht abgebucht. Das klingt nach Geldschneiderei, einer in Athen verbreiteten Leidenschaft. Die Bettenkapazitäten sind zu den Olympischen Spielen noch einmal erhöht worden, das gleiche gilt auch für die Preise. Unsere Angaben sind deshalb für diese Zeit nur als Richtwerte zu betrachten, die Preise werden sich durch spontane Marktanpassung entwickeln. Allerdings kann die Jugend der Welt auch schon mal den Rahmen sprengen und dann hilft nur noch der Weg zur ihr gewidmeten Herberge. Das **Athens International Youth Hostel** in der Victor-Hugo-Straße ist das einzige offizielle in Griechenland. Da der maximale Aufenthalt 6 Tage beträgt und keine Warteliste geführt wird, besteht hier immer eine Chance, in einem der 2- bis 4-Bett-Zimmer unterzukommen. Die JH ist ganzjährig 24 Stunden geöffnet, auch die Rezeption ist rund um die Uhr besetzt. Wer noch nicht Mitglied ist, kann es sofort werden und dann Gemeinschaftsküche, Wäschedienst und Eintrittskarten zu Sonderpreisen genießen.

(H 2) Athens International Youth Hostel
16 Victor Ougo,
Tel. (210) 523 25 40
Fax 523 25 40
aiyh@otenet.gr
www.hihostels.com

Das Hotel Poseidon im Süden Athens liegt direkt am Meer und wartet nicht nur mit elegantem Pool, sondern auch mit hoteleigenem Strand auf

ATHEN ZENTRUM

(K 4) **Achilleas**
Bei der Totalrenovierung 2001 haben sich die Eigentümer für ein modernes Design entschieden. In einer kleinen Seitenstraße gelegen, für Syntagma-Verhältnisse ruhig.
Syntagma, Lekka 21
Tel. (210) 323 31 97
Fax 322 24 12
achilleas@tourhotel.gr
www.achilleashotel.gr €€

(H 6) **Acropolis View**
Das Hotel trägt seinen Namen zu Recht: wunderschöner Blick auf Philopappos oder das Herodes-Atticus-Theater von den Zimmern und der Terrasse aus.
Makrigiáni, Webster 10/Robertou Galli, Tel. (210) 921 73 03
Fax 923 07 05
reservations@dilos.com
www.dilos.com/hotel/4 €

(K 5) **Adrian**
Die sechs Zimmer mit dem besten Blick und Air condition liegen im oberen Stock, die Terrasse ist einem griechischen Dorfplatz nachempfunden.
Pláka, Adrianou 74
Tel. (210) 322 15 53
Fax 325 04 61 €€

Athenian Callirhoe
Kräftige Farben und helles Leinen dominieren die Zimmer. Die Bettdecken sind mit Federn gefüllt.
(I/K 6) Makrigiáni, Kallirois 32 / Petmeza, Tel. (210) 921 53 53
Fax 921 53 42, hotel@tac.gr
www.tac.gr €€€

(K 1) **Candia**
Die Lobby ist gemütlich, die Zimmer sind ordentlich eingerichtet. Auf dem Dach befinden sich eine Sonnenterrasse und ein kleines Schwimmbecken.
Metaxourgío, Th. Deligiani 40
Tel. (210) 524 61 12-6
Fax 524 61 17
candia@candia-hotel.gr
www.candia-hotel.gr €€

(H 1) **Diethnes**
1997 renoviert, 17 klimatisierte Zimmer, Dachgarten, östlich des Zentralbahnhofes gelegen.
Stathmós Laríssis, Peoniou 52
Tel. (210) 883 68 55
Fax 823 05 82
info@hoteldiethnes.com
www.hoteldiethnes.com €

(I 3) **Dorian Inn**
Air Condition in allen 146 Zimmern und Suiten. Swimming-Pool und Dachgarten, Altstadt und Geschäfte in Fußnähe.
Omónia, Pireos 17
Tel. (210) 523 97 82
Fax 522 61 96
dorianho@otenet.gr
www.greekhotel.com/athens/dorianinn/home.htm €€€

(K 5) **Electra Palace**
Eine ruhige Oase. Komfortable, in warmen Farben gehaltene Zimmer mit großzügigem Bad. Dachterrasse mit Swimmingpool. Im Sommer Barbecue-Abende im Restaurant.
Pláka, Nikodimou 18
Tel. (210) 324 14 01
Fax 324 18 75
reservations@dilos.com
www.dilos.com/hotel/193
€€€

(I 6) **Herodion**
Baujahr 1976, 90 Zimmer, familiengeführt. Das Restaurant ist rustikal-ländlich eingerichtet; im Café lässt ein Glasgiebel reichlich Tageslicht herein.
Makrigiáni, Robertou Galli 4
Tel. (210) 923 68 32
Fax 921 16 50
herodion@herodion.gr
www.herodion.gr €€€€

(H 4) **Jason Inn**
Das Hotel verfügt über 57 helle Zimmer, einen modernen Dachgarten mit Akropolis-Blick und liegt keine fünf Minuten Fußweg vom In-Viertel Psirrí entfernt.
Thíssio, Assomaton 12
Tel. (210) 325 11 06
Fax 324 31 32
douros@otenet.gr
www.douros-hotels.com €

(H 3) **King Jason**
114 Zimmer mit freiem Internetzugang, 2001 komplett renoviert, das Hotel liegt zwischen Keramikós und Omónia.
Keramikós, Kolonou 26

>> Die Planquadrate mit kleinen Lettern (b 2) beziehen sich auf die Umgebungskarte im Faltplan

MERIAN

Heft 7/2004, Juli, Erstverkaufstag dieser Ausgabe ist der 24. 06. 2004

MERIAN erscheint monatlich im Jahreszeiten Verlag GmbH, Poßmoorweg 5, 22301 Hamburg Tel. 040/27 17-0, Fax 040/27 17-20 56 **Anschrift der Redaktion:** Harvestehuder Weg 42, 20149 Hamburg Postfach 130444, 20139 Hamburg, E-Mail: Redaktion@Merian.de, Tel. 040/441 88-231, 441 88-240 Fax 040/441 88-310 **Website:** www.merian.de **Leserservice:** Postfach 601220, 22212 Hamburg Tel. 040/87 97 35 40, Fax 040/27 17 - 20 79

Herausgeber: Manfred Bissinger
Chefredakteur: Andreas Hallaschka
Art Directorin: Sabine Lehmann **Chef vom Dienst:** Tibor M. Ridegh **Redakteure:** Kathrin Sander, Charlotte von Saurma, Thomas Gebhardt (freie Mitarbeit), Thorsten Kolle (freie Mitarbeit) **Redakteur dieses Heftes:** Thorsten Kolle **Schlussredaktion:** Tibor M. Ridegh, Jasmin Wolf (stv.) **Layout:** Katharina Holstein-Sturm, Ingrid Koltermann, Dorothee Schweizer (stellv. Art-Direktorin) **Bildredaktion:** Hanni Rapp, Michael Kleehaupt (freie Mitarbeit), Eva M. Ohms, Maria von Rospatt (freie Mitarbeit) **Bildredakteur dieses Heftes:** Michael Kleehaupt **Kartographie:** Peter Münch **Dokumentation:** Jasmin Wolf, freie Mitarbeit: Claudia Schmidt, Petra Wiechmann, Andrea Wolf **Mitarbeit:** Helmut Golinger, Anne Kathrin Reiter, Anja Seidel **Herstellung:** Karin Harder **Redaktionsassistenz:** Sabine Birnbach, Katrin Eggers, Sabine Richter (freie Mitarbeit)
Geschäftsführung Premium Magazine: Peter Rensmann
Gesamt-Anzeigenleitung: Roberto Sprengel **Anzeigenleitung:** Christel Janßen
Anzeigenstruktur: Patricia Hoffnauer **Marketing:** Kenny Machaczek, Ulrich Rieger, Sonja Wünkhaus
Vertriebsleitung: Jörg-Michael Westerkamp (Zeitschriftenhandel), Thilo Heller (Buchhandel)
Verantwortlich für den redaktionellen Inhalt: Andreas Hallaschka
Verantwortlich für Anzeigen: Roberto Sprengel

Verlagsbüros Inland:

Hamburg: Tel. 040/27 17-25 95, Fax -2520, E-Mail: vb-hamburg@jalag.de
Berlin: Tel. 030/80 96 23-60, Fax -70, E-Mail: vb-berlin@jalag.de
Hannover: Tel. 0511/85 61 42-0, Fax -19, E-Mail: vb-hannover@jalag.de
Düsseldorf: Tel. 0211/901 90-0, Fax -19, E-Mail: vb-duesseldorf@jalag.de
Frankfurt: Tel. 069/97 06 11-0, Fax -44, E-Mail: vb-frankfurt@jalag.de
Stuttgart: Tel. 0711/966 66-520, Fax -22, E-Mail: vb-stuttgart@jalag.de
München: Tel. 089/99 73 89-30, Fax -44, E-Mail: vb-muenchen@jalag.de

Repräsentanzen Ausland:

Basel: Intermag AG, Tel. +4161/275 46-09, Fax -10, E-Mail: info@intermag.ch
Brüssel: Publicitas Media, Tel. +322/639 84-29, Fax -40, E-Mail: ibellis@publicitas.com
Danderyd: Annonsbolaget JB Media AB, Tel. +46/8753 96 04, Fax 708753240, E-Mail: anette@annonsbolaget.se
Frederiksberg: Jungersted & Brostrøm, Tel. +45/33 22-20 20, Fax -9959, E-Mail: gitte.schuler@jbmedia.dk
London: The Powers Turner Group, Tel. +44 20/7630 99 66 Fax 76 30 99 22, E-Mail: cweiss@publicitas.com
Mailand: Media & Service International Srl, Tel. +39 02/48 00 61 93, Fax 48 19 32 74, E-Mail: info@it-mediaservice.com
Paris: International Magazine Company, Tel. +331/53 64 88 91, Fax 45 00 25 81, E-Mail: imc@international.fr
Madrid: AMB Publicidad y Marketing, S.L., Tel. +34 91/300-54 54, Fax -5181, E-Mail: ambp@retemail.es
Wien: Verlagsbüro Kepreda, Tel. +43 1/87 71 78-2, Fax 877 87 11, E-Mail: 1@kepreda-jahreszeitenverlag.at
New York: The Russell Group Ltd., Tel. +12 12/213 11-55, Fax -60, E-Mail: info@russellgroupltd.com

Die Premium Magazin Gruppe im Jahreszeiten Verlag

A&W Architektur & Wohnen · COUNTRY · DER FEINSCHMECKER · WEIN Gourmet · MERIAN

Gülige Anzeigenpreisliste: Nr. 37d

Preis im Abonnement im Inland monatlich 6,37€ inklusive Zustellung frei Haus. Der Bezugspreis enthält 7% Mehrwertsteuer. Auslandspreise auf Nachfrage. Postgirokonto Hamburg 132 58 42 01 (BLZ 200 100 20) Commerzbank AG, Hamburg, Konto-Nr. 611657800 (BLZ 200 400 00) Führen in Lesemappen nur mit Genehmigung des Verlages. Printed in Germany

Weitere Titel im Jahreszeiten Verlag: Für Sie, petra, vital, PRINZ, A&W Architektur & Wohnen, COUNTRY, DER FEINSCHMECKER, WEINGourmet, schöner reisen, ZuhauseWohnen, SelberMachen
Litho: Alphabeta Druckformdienst GmbH, Hamburg. Druck und Verarbeitung: heckel GmbH, Nürnberg, schlott Gruppe ISBN: 3-7742-6908-4, ISSN 0026-0029 MERIAN (USPS No. 011-458) is published monthly. The subscription price for the USA is $ 110 per annum. K.O.P.: German Language Publications, Inc., 153 South Dean Street, Englewood NJ 07631. Periodicals postage is paid at Englewood NJ 07631, and at additional mailing offices. Postmaster: send address changes to: MERIAN, German Language Publications, Inc. 153 South Dean Street, Englewood NJ 07631.

JAHRES ZEITEN VERLAG

Ein Unternehmen der
GANSKE VERLAGSGRUPPE

Der Titel zeigt den Parthenontempel auf der Akropolis, fotografiert von Marc Romanelli

Bildnachweis

Anordnung in Layout: o=oben, u=unten, r=rechts, l=links, m=Mitte.
Titel: Marc Romanelli/Alamy/Strandperle; S. 3 ol Michael Müller, or, mr Samuel Zuder, ml Oliver Soulas, u Georg Knoll; S. 4 S. Zuder; S. 4/5 Mike Schröder/argus; S. 5 ml Aris Messinis/AFP/getty images, Marc-Oliver Schulz, ur P. Rigaud; S. 6 ol Paul Getty Museum California, or Yann Arthus-Bertrand/Corbis, u Scala, S. 10 ol Ulrich Baumgarten/ Vario-Press, u Massimo Borchi/ Atlantide/Schapowalow; S. 12 o O. Soulas, ml Ingolf Pompe, mr Popperfoto/Bilderberg; S. 14/15 S. Zuder/laif; S. 16 Peter Rigaud; S. 17 S. Zuder/laif; S. 18-22 P. Rigaud; S. 23 S. Zuder/laif; S. 24-32 P. Rigaud; S. 33 Orestis Stavropoulos/On Location/laif; S. 34 o S. Zuder/laif, u alle AKG; S. 35-38 P. Rigaud; S. 39 o Akropolis Museum; S. 41 Archäologisches Nationalmuseum; S. 42 ol Arved van der Ropp, or Alexis Paccard, u alle AKG; S. 44 or Socrates Mavromattis, m Nina Kolle, ul, uml, ur AKG; S. 46 British Museum; S. 48 AKG; S. 50 o British Museum, ul, um AKG, ur Bridgeman Library; S. 52-54 G. Knoll; S. 55 P. Rigaud; S. 56-58 G. Knoll; S. 60, 61 l, 62 Yannis Kontos/Corbis; S. 61 r Berthold Steinhilber/Bilderberg; S. 64-70 S. Zuder; S. 72-75 AKG; S. 74/75 Corbis; S. 76 Schliemann Museum; S. 78-80, 81r S. Zuder; S. 81 l Franziska Hasse; S. 82 l AKG, r F1 online; S. 83, 84 l AKG, S. 84 r getty images; S. 85 l AKG, r Francois Xavier Marith/AFP/getty images; S. 86 o Harlingue/Roger-Viollet, u Presse Sports/Sportimage; S. 86/87 AKG; S. 87 l AKG, r Popperfoto/Bilderberg; S. 88, 90 Ingolf Pompe; S. 92/93 Y. Bertand-Arthus/Corbis; S. 93 o Vassilis Constantineas/ IML/ laif, u Apeiron; S. 94 l, r Apeiron, u Massimo Pizzocaro/IML/laif; S. 100-106 M.-O. Schulz; S. 107 Nina Kolle; S. 108 P. Rigaud, S. 109 o S. Zuder/laif; S. 110 M-sat planetobserver.com; S. 112 o P. Rigaud, u Oliver Bolch/Anzenberger; S. 113 m P. Rigaud, u G. Knoll; S. 114 o Martin Kirchner/laif, m G. Knoll; S. 115, 116 m P. Rigaud; S. 116 u Adenis/GAFF/laif; S. 117 Roberto Meazza/IML/laif; S. 118 o M. Pizzocaro/IML/laif, u Dirk Schönrock; S. 120 o M. Borchi/ Atlantide/Schapowalow, u Thomas Stankiewicz; S.121 M. Borchi/Atlantide/Schapowalow; S. 122 P. Rigaud; S. 123 G. Knoll; S. 125, 126 Maro Kouri/On Location/laif; S. 126/127 George Vitsaropoulos/IML/laif; S. 127, 128 l G. Knoll; S. 128 r P. Rigaud; S. 130 AKG; S. 135 o Raffaele Celentano/laif; S. 136 l M. Borchi/Atlantide/Schapowalow, r Andreas Vossberg/ Visum; S. 138 l P. Rigaud, or Klaus Bossemeyer, m Sabine Wenzel;
Illustration: S. 5 mr Jürgen Willbarth; S. 46/47 J. Willbarth/ Nikolaos Gouvoussis; S. 40/41 J. Willbarth; S. 91, 94, 107 Merian Infografik

Deutsch-polnischer Baukasten: Danzig

Aufschwung Ost: über dem Strand von Rixhöft

Günter Grass: Visionen für Danzig

Zuletzt erschienen:

Juni 2004

Mai 2004

April 2004

März 2004

Februar 2004

Januar 2004

Masuren, Danzig und die Ostseeküste

Aus dem Inhalt dieses Heftes:

- Danziger im Gespräch: Günter Grass und Pawel Huelle
- Pferdeland: Auf den Spuren eines Trakehners
- Landgüter: Versunken, vergessen und auferstanden
- Eissegeln: Siegfried Lenz auf dem Lycker See
- Kaschubei: Sahara hinterm Ostseestrand
- Masurischer Mummenschanz: Die Krieger von Galindia

Freuen Sie sich auf die nächsten MERIAN-Ausgaben:
Rom, Neuseeland, London, Hongkong, Kalifornien